모든 슬픈 자들을 위한 위로

모든 슬픈 자들을 위한 위로

초판 1쇄 인쇄 2023년 11월 16일
초판 1쇄 발행 2023년 11월 23일

지은이 최윤갑
펴낸이 유동휘
펴낸곳 SFC출판부
등록 제104-95-65000
주소 (06593) 서울특별시 서초구 고무래로 10-5 2층 SFC출판부
Tel (02)596-8493
Fax 0505-300-5437
홈페이지 www.sfcbooks.com
이메일 sfcbooks@sfcbooks.com
기획 · 편집 편집부
디자인편집 최건호
ISBN 979-11-87942-90-0 (03230)
값 14,000원

잘못 만들어진 책은 언제든지 교환해 드립니다.

모든
슬픈 자들을 위한

위로

참된 위로가 필요한 그대를 향한
성경적 가이드 라인

최윤갑 지음

SFC

목차

이 책은 우리 시대에 가장 필요한 주제를 다루는 위로 가득 찬 책이다. 하나님의 위로가 담긴 이사야 본문들을 다루는 다섯 장과 신약의 본문들을 다루는 한 장으로 구성되어 있는데, 특히 이사야의 위로 메시지가 신약에 이르러 예수님의 위로 복음과 바울의 위로 복음으로 발전하는 과정을 다루는 마지막 장은 성서의 구원사를 조망하는 원격조망과 세밀한 근접 본문읽기가 잘 조화된 주석적 논의를 제공한다. 위로는 말의 문제가 아니라 신학의 문제이다. 저자는 자신의 위로담론을 주창하기보다는 성서본문의 위로 메시지를 깊이 들여다봄으로써 독자들을 위로의 복음으로 감싸 안는다. 우리 시대는 거친 비난과 정죄, 비방, 자기 파괴적인 자책담론이 맹위를 떨치고 있다. 이런 영적 공백의 시대에 이 책은 한줄기 따뜻한 위로를 전한다.

그동안 위로와 예언자들을 잘 연결시키지 못했던 그리스도인들에게, 또한 예언서는 예언자들의 거친 심판과 위협, 징벌과 질책이 가득 찬 책이라고 오해하는 그리스도인들에게, 이 책은 가장 감동적인 위로가 예언자들의 심장을 거쳐 나왔다는 사실을 깨닫게 할 것이다. 뿐만 아니라 예수님의 위로언어와 바울의 위로복음이 이사야의 위로예언이라는 샘에서 발원했다는 사실에서 신구약의 통전성을 새롭게 깨닫게 할 것이다. 이 책을 진심으로 추천하는 바이다.

_김회권(숭실대학교 기독교학과 교수, 한국구약학회 전임 회장)

『모든 슬픈 자들을 위한 위로』는 매우 뜻깊고 유익한 책이다. 우리가 이전 어느 시대보다 더욱 참된 위로를 필요로 하는 시대에 살고 있음을 생각할 때, 이 책은 세 가지 점에서 유익하다고 말할 수 있다. 첫째로, 이 책은 '위로'가 무엇인지를 인간의 경험에서 찾기보다 성경 말씀에 근거하여 찾고자 했다. 저자는 자신의 전공분야인 이사야서의 주요 본문들을 살피면서 그 안에서 이스라엘 백성들과 신약 교회에 주어진 하나님의 위로가 무엇인지를 깊이 있게 드러내고 있다. 성경 말씀과 함께 곰곰이 그리고 찬찬히 곱씹어 본다면, 주님께서 주시는 하늘의 위로가 무엇인지를 진리에 근거하여 이해할 수 있게 될 것이다. 둘째로, 이 책은 이사야서의 본문을 단순히 개별적으로 살피기보다 전체를 통전적으로 이해하려고 애쓸 뿐 아니라, 나아가 이사야서에서 발견된 위로의 메시지를 신약성경으로 연결시키고 있다. 다시 말해, 성경 전체가 말하는 위로가 무엇인지를 배울 수 있게 한다. 셋째로, 이 책은 위로에 대한 지적 해설만을 소개하는 것으로 그치지 않고, 각 장 마지막 부분에 내용을 요약하면서 독자의 삶에 적용시키려고 애쓴다. 곧 토의할 질문을 주고 독자들이 자신의 생각을 정리하거나 다른 이들과 함께 나눌 수 있도록 돕는 것이다. 이런 적용과 나눔을 통해 이 책의 내용들은 하나님께서 주시는 진실된 위로로 독자의 삶에 고스란히 깃들게 될 것이다. 저자의 귀한 저술이 참된 위로에 목말라 하는 이 시대의 신자들과 대중들에게 하나님의 위로를 소개하는 의미 있는 통로가 될 것이라 믿으며, 독자들에게 일독을 권한다.

_김희석(총신대학교 신학대학원 구약학 교수)

귀한 책이 출간되어 기쁘고 감사하다. 이 책은 위로의 렌즈로 이사야서뿐 아니라 성경 전체를 해석한다. 성도와 교회가 견지하고 누려야 할 위로의 토대와 요소, 방편, 전망, 성취를 면밀하고 섬세한 필체로 보여주고 있다. 모호한 감으로서의 지식이 아니라 단단한 앎에 기초한 위로의 지식 체계를 제공하는 이 책은 기독교가 말하는 위로의 초월성, 견고함, 그리고 영속성을 구체적으로 설명한다. 무엇보다도 3장에서 메시아의 죽음에 기초해 인생의 영속적인 위로가 구현된다는 내용과 4장에서 말씀의 선포(설교)를 통해 성도와 교회의 위로가 창조적으로 구현된다는 설명은 이 책의 압권이다.

슬픔 가운데 진정한 위로를 갈망하는 성도들에게, 또는 언젠가 찾아올 고통과 슬픔 등 인생의 어려운 질문들에 대해 신앙적인 답을 찾고자 하는 성도들에게 이 책을 추천한다. 고통과 슬픔 가운데 있는 성도들뿐 아니라 세상을 향해 위로의 사역을 감당하고자 하는 사역자들에게도 이 책을 추천한다. 이 책은 슬픔과 고통 가운데 있는 성도들에게 풍성한 위로를 제공하는 '구원의 샘'이 될 것이다. 아울러 세상에 진정한 위로를 제공하고자 하는 교회에게 사역의 방향성을 제시하는 좋은 길잡이가 될 것이다.

_이찬수(분당우리교회 담임목사)

비애와 분노의 시대에 위로와 회복을 갈망하는 아우성이 온 세상에 가득하다. 사방을 둘러보면 우리의 시선이 멈추는 곳마다 피와 눈물의 흔적이 있다. 그리고 잠시라도 잠잠히 귀 기울이면 고통과 탄식의 소리가 그치지 않는다. "내 백성을 위로하라"는 음성을 들은 자들이 과연 참된 위로자로서 이 소명을 제대로 감당하고 있는가라고 자문할 때마다 자책하게 된다. 『모든 슬픈 자들을 위한 위로』는 그래서 고센 땅에 비치는 한줄기 빛처럼 고개 숙인 그리스도인들에게 다가온다.

저자가 성경신학의 우물에서 건져 올린 위로는 세상의 뿌리 없는 희망 고문이 아니다. 이 위로는 역사 속에서 성취된 구원 사건으로부터 뿜어져 나오는 견고한 소망이다. 이 위로는 메시아의 대속사역에서 비롯된 죄 사함과 존재의 변화가 초래하는 놀라운 능력이다. 저자는 이 위로와 회복의 소명을 이 시대의 교회가 새롭게 짊어지고 일어서도록 권면한다. "그리스도와 보혜사 성령의 위로를 경험한 성도여, 모든 고통과 슬픔 가운데 있는 자들을 위로하라, 그리하여 교회가 이 땅에 존재하는 이유와 영광을 회복하라!"

_조정민(베이직교회 담임목사)

모든 인간은 태어나면서부터 위로를 갈망한다. 위로가 필요 없는 인간은 없다. 위로는 인생의 가장 본질적인 요소임에 틀림없다. 탁월한 이사야서 전문가인 저자는 이사야서를 중심으로 구약성경에 나타난 위로의 토대와 요소, 방편, 전망을 분석하고 자세하게 기술한다. 그런 다음 신약성경에서 그 위로가 성취되었음 또한 설득력 있게 입증한다. 이렇듯 저자는 성경에 계시된 신적 위로를 구약성경과 신약성경을 아우르는 통전적인 방식으로 해석하려고 한다. 뿐만 아니라 위로라는 주제로 구약성경과 신약성경을 연결하여 분석하는 통찰력도 보여준다.

고대 근동의 창조신화와 홍수신화에는 신이 인간을 위로한다는 내용이 전혀 없다는 저자의 관찰은 매우 신선하다. 왜냐하면 이는 우리가 믿는 하나님께서 '위로의 하나님'이시라는 사실이 당연한 것이 아니라 특별한 것이라는 뜻이기 때문이다. 따라서 세상은 줄 수 없는, 오직 위로의 하나님으로부터만 주어질 수 있는 그 신령하고도 초월적인 위로를 받은 하나님의 백성은 그 위로를 세상에 제공하는 사명을 가진 존재라 할 수 있다. 그리고 이 사명을 감당할 때 교회가 세상의 희망이 될 수 있을 것이다. 이 책은 위로에 관한 성경신학적 연구서인 동시에 실제적으로 위로를 주는 안내서이다. 그야말로 우리나라 최초의 '위로 신학서'이자 동시에 '위로 안내서'인 것이다.

_**차준희**(한세대학교 구약학 교수, 한국구약학연구소 소장)

서문

　오늘날 정말 많은 사람들이, 비단 신앙을 가진 성도들만이 아니라 신앙을 갖지 않은 사람들까지 참된 위로에 목말라 하고 있다. 인생에서 크고 작은 사건과 사고들을 겪으면서, 또 불안한 경제와 정치 상황을 보면서, 저마다 견고하고도 영속적인 위로를 더욱 갈구하게 된다. 그러나 안타깝게도 단단한 앎의 지식에 기초하여 그러한 위로에 관해 말할 뿐 아니라, 실제로 그것을 구현할 수 있도록 돕는 연구서들은 좀처럼 만나보기가 어렵다.

　이러한 학문적이고 현실적인 안타까움을 채우기 위해 필자는 성경, 특히 이사야서와 몇몇 신약성경에 천착하여 위로의 담론을 탐구하고자 하였다. 성경은 인류가 만들어온 그 어떤 책이나 연구물보다 인간이 궁극적으로 갈망하는 위로의 토대, 요소, 방편, 그리고 전망과 성취를 훨씬 더 구체적이고 실제적으로 제시한다. 삼위 하나님께서는 물리적인 고통과 삶의 슬픔에 놓여 있는 그분의 백성들을 위로하실 뿐만 아니라, 죄악의 비참함과 절망 같은 영적인 무능력과 환란 속에서 허우적대는 모든 사람들까지 놀랍도록 위로하신다. 따라서 하나님께서 성취하신 위로의 요소와 방식을 면밀히 살필 때, 성도와 교회는 그 위로를 누리게 될 것이고, 나아가 그 위로를 필요로 하는 다른 사람들을 위로할 수 있는 원리와 지혜를 터득하게 될 것이다.

이 책에서는 미시적인 관점에서 성도와 교회에게 주어진 견고하고도 풍성한 위로를 다루고자 하였다. 그것은 곧 "모든 위로의 하나님"께서 주시는 초월적이고도 영속적인 위로이다(고후1:3). 독자들은 이 책을 천천히 읽어가면서 일상의 위로를 넘어 인생의 궁극적인 위로를 발견하고 누리게 될 것이며, 나아가 다른 사람들에게 그 위로를 베풀 수 있는 위로의 수여자로 변모하게 될 것이다. 또한 교회는 이 책을 통해 위로의 구체적인 요소, 원리, 방편, 그리고 전망을 발견하는 기쁨을 누리게 될 것이다. 이 책이 삶의 궁극적인 위로를 원하는 모든 슬픈 자들, 성도, 그리고 교회에게 위로에 관한 단단한 앎으로서의 지식 체계를 제공할 뿐 아니라, 그 위로를 실제로 경험하고 누리는 데 일조하길 기도한다.

끝으로 이 책을 읽고 기꺼이 추천해 주신 김회권 교수님, 김희석 교수님, 이찬수 목사님, 조정민 목사님, 차준희 교수님께 감사드린다. 또한 이 책의 출판을 흔쾌히 허락해준 SFC 출판사와 이 책의 편집과 교정을 맡아 수고해주신 이의현 목사님께도 감사드린다. 무엇보다 이 책을 집필하는 동안 묵묵히 필자를 내조하고 함께 해준 아내와 아이들, 그리고 아들의 사역을 위해 뒤에서 늘 기도하시는 어머니께 깊은 감사의 말을 전한다.

2023년 11월
연구실에서

모든
슬픈 자들을 위한

위로

들어가면서
위로란?

위로는 눈에 보이지 않지만 살아있는 실체다. 마치 사랑이 그런 것처럼! 고통과 슬픔 가운데 있는 사람에게 위로가 싹 트고 자란다면, 위로는 그 사람을 감싸 안으며, 그/그녀에게 새로운 힘과 소망, 기쁨과 감사, 삶의 새로운 안목을 제공할 것이다. 이런 이유로 간호 치료학 교수인 앤 말리노브스키(Ann Malinowski)와 리넷 리세보그 스탐러(Lynnette Leeseberg Stamler)는 "사람은 태어나면서부터 위로를 갈망한다. …… 위로는 인생의 가장 본질적인 요소이기 때문이다."라고 역설하였다.[1] 인생을 살아가면서 고난과 아픔을 겪지 않는 사람은 아무도 없다. 그리고 그때마다 위로를 갈망한다. 이런 맥락에서 이 책에서는 교회와 성도가 누리고 전파해야 할 위로, 조금 더 구체적으로 위로의 토대(씨앗), 요소, 방편, 전망, 성취를 성경신학적인 관점에서 조망해 보고자 한다.

---

1. Ann Malinowski & Lynnette Leeseberg Stamler, "Comfort: Exploration of the concept in nursing" in *Journal of Advanced Nursing*, 39 (2002), 599.

1. 위로의 신학적 정의

성경신학적인 관점에서 위로의 요소들과 특징을 조망하기 전에 먼저 성경에 기술된 위로의 정의를 내려 보자. 과연 성경신학적인 관점에서 위로란 무엇인가? 사실상 어떤 관점에서든 위로를 학문적으로 정의하는 것은 의외로 쉬운 일이 아니다. 왜냐하면 사회, 연령, 성별, 시대, 분위기 그리고 학문 영역에 따라 위로를 다르게 해석할 수 있기 때문이다. 옥스퍼드 소사전(Concise Oxford Dictionary)은 위로를 '편안함(ease), 행복(well-being), 그리고 만족(satisfaction)'으로 정의하면서, 심리와 마음의 복합적인 상태 또는 결과로 이해한다.[2] 이와 같은 사전적 정의는 위로의 상태나 결과에 대한 통찰은 제공하지만, 위로의 정황이나 그 위로를 경험하는 인간의 본성에 대한 이해는 제공하지 못하기 때문에 이론적인 한계를 갖는다.

그럼 간호학에서는 위로를 어떻게 정의하는지 잠깐 살펴보자. 이를 살필 경우 신학적 관점에서 위로가 어떤 특징과 요소들을 갖고 있는지 파악하는 데 상당한 도움을 얻게 될 것이다. 간호학에서는 치료라는 이론적 틀(framework) 속에서 위로를 다양하게 정의하였다. 먼저 그로퍼(Gropper)는 위로를 "인간의 기본 필요"이고, 아울러 치료를 통해 그 "기본

---

2. Allen, R. E. "Comfort," in *The Concise Oxford Dictionary* (Oxford: Clarendon Press, 1990), 226.

필요가 충족된 상태"라고 정의하였다.[3] 패트슨(Paterson)과 제라드(Zderad)는 위로를 사람의 상태가 도달해야 할 목적으로서 환자가 다른 이와의 관계를 통해 누리는 "과거의 괴로움과 그 영향으로부터 내적으로 놓임 받은 내적 자유"라고 설명하였다.[4] 콜코바(Kolcaba)는 위로의 개념을 정교하게 다듬은 후, 위로의 세 가지 의미—편안함(ease), 안도(relief), 초월(transcendence)—를 설명하였다. 그녀에 의하면, 편안함은 조용함과 만족의 상태, 안도는 특정한 필요가 충족된 환자의 경험, 그리고 초월은 그/그녀가 문제와 고통을 뛰어넘은 위로의 상태를 일컫는다.[5]

이와 같이 간호학에서는 주로 인간의 필요, 심리상태, 그리고 치유(경험)라는 해석학적 틀 속에서 위로를 정의한다. 특히 콜코바가 하나의 관점이 아니라 몇 개의 세분화된 관점으로 위로를 해석한 것은 큰 의미가 있다. 왜냐하면 우리가 성경신학적 관점에서 위로를 해석할 때, 하나의 요소가 아니라 다양하고도 세분화된 주요 요소들을 중심으로 위로를 해석할 수 있는 가능성을 열어주기 때문이다.

그렇다면 우리는 성경신학적 관점에서 위로를 어떻게 정의할 수 있을까? 그것은 크게 네 가지 측면에서 조망할 수 있다. 첫째는 어원적인 측면에서 살피는 것이다. 위로를 의미하는 대표적인 히브리어 어근

---

3. E. I. Gropper, "Promising Health by Promoting Comfort" in *Nursing Forum* 27 (1992), 5-8.
4. Paterson J. & Zderad L, *Humanistic Nursing* (New York: National League for Nursing, 1988), 103.
5. Katharine Y Kolcaba, "An analysis of the concept of comfort" in *Journal of Advanced Nursing* 16 (1991), 1302.

은 피엘형 *nḥm*(나함)이다. 아카드어에서 이 어근을 찾는 것은 쉽지 않지만, 시리아어(Syriac)와 아람어(Aramic)에서 이 어근은 중요한 의미를 내포한다. 시리아어는 파엘형 *nḥm*을 갖는데, 이는 '죽은 자를 일으키다, 생명을 주다'라는 의미를 내포한 것으로(참조. 시리악 48:27 [Peshitta Mosul]), [6] '위로'가 얼마나 심대한 효과를 갖고 있는지를 잘 보여준다. 반면, 아람어 *nḥm*은 '깊이 호흡하다 또는 숨이 차서 헐떡이다'라는 의미를 지닌다. 그래서 일부 학자들은 아람어 *nḥm*의 의미에 근거하여, 구약성경의 위로를 "고통 가운데 있는 어떤 이가 깊이 호흡할 수 있도록 돕는 것"으로 해석하기도 하였다.[7] 그러나 구약성경의 *nḥm*은 다양한 의미군(semantic fields)을 가질 뿐 아니라 아람어 *nḥm*과도 뚜렷한 의미론적 차이를 보인다는 점에서, 아람어의 의미군에 근거해 구약성경의 위로를 그대로 해석하는 것에는 무리가 있다. 그럼에도 불구하고 아람어 어근에서 우리는 성경의 위로에 내포된 속성을 살짝이라도 엿볼 수 있다.

구약성경 마소라 본문에서 위로의 의미를 내포하는 피엘형 *nḥm*(나함)은 사람의 이름을 제외하면 총 51번 등장하는데, 주로 '위로하다, 동정하다, 힘을 더하다'(사49:13; 욥42:11; 슥10:2)라는 뜻을 전달한다. 피엘형 *nḥm*은 일상에서 경험하는 위로를 의미하기도 하지만, 많은 경우 역사

---

6. R. Payne Smith, *Thesaurus Syriacus*, 2 Vols (Oxford, 1869-1901), II, 2338.
7. Otto Kaiser, *Isaiah 1-12*, OTL (Philadelphia: The Westminster Press, 1981), 271; James Barr, *The Semancits of Biblical Language* (Oxford, 1961), 116f; N. H. Snaith, "The Meaning of 'The Paraclete,'" *ExpT* 57 (1945), 48.

속에서 일어난 극도의 재난과 슬픔, 고통, 억압, 절망을 배경으로 하나님의 백성이 경험하였거나 소망하였던 위로를 의미하는 경우가 많다. 예를 들어, 바벨론 포로생활을 그 시대의 역사적 배경으로 하는 이사야서에서는 13회, 예레미야서에서는 12회, 애가서에서는 6회씩 각각 피엘형 *nhm*이 사용되어 언약 백성의 위로를 강조할 뿐 아니라 위로자이신 하나님을 소환한다. 이런 형태의 어근은 종종 인물의 이름에도 등장하는데, 대표적으로 선지자 나훔(나1:1), 이스라엘의 왕 므나헴(대하15:14,16,19-23), 그리고 포로귀환 후 무너진 성벽을 재건하였던 느헤미야(에2:2; 느1:1; 7:7)가 있다.[8] 이는 비록 암울한 고통과 절망의 시대를 살았지만, 이스라엘 백성들은 다음세대 자녀들의 삶과 사역을 통해 하나님의 위로가 도래할 것을 염원하였음을 보여준다. 반면, 그 배경으로 민족적·개인적 재난과 상실, 고통이 별로 등장하지 않는 레위기, 열왕기상하, 역대기상하, 오바댜, 미가, 학개, 잠언, 그리고 아가서에서는 이 어근이 사용되지 않는다.

위로를 의미하는 피엘형 *nhm*(나함)은 칠십인 역(LXX)에서 παρακαλέω (파라칼레오)로 번역되는데, 이 παρακαλέω는 '사별한 자를 위로하다'(창24:67), '동정하다'(삼하10:2-3), '슬픔에 있는 자를 위로하다'(사61:2-3; 66:7-14),

---

8. P.D. Akpunonu, *The Overture of the Book of Consolations (Isaiah 40:1-11)* (New York: Peter Lang Publishing), 70. M. Butterworth, "nhm," *New International Dictionary of the Old Testament Theology and Exegesis.* vol 3 (1997), 81-83; S. Yofre, "nhm," *Theological Dictionary of the Old Testament.* vol 9 (1998), 340-355.

'격려하다'(신3:28) 등 다양한 의미를 지닌다. 이러한 용례는 이 동사가 다양한 뉘앙스를 포함한 상당히 유동적인 단어임을 암시할 뿐 아니라, 위로의 주된 의미가 다름 아닌 큰 슬픔과 고통 가운데 있는 자를 격려하는 언어와 행위, 마음 씀씀이였음을 잘 보여준다.[9]

위로의 성경신학적 의미에 관한 두 번째 측면은 고대 이스라엘이 공유하였던 사회·문화적 정황 속으로 들어가서 살피는 것인데, 이러한 측면에서 볼 때 위로란 애통이 기쁨으로 변화되는 회복을 내포한다. 그러면 과연 이스라엘 백성들은 위로를 어떻게 이해하고 표현하였을까? 게리 앤더슨(Gary A. Anderson)과 사울 올얀(Saul M. Olyan)의 연구는 구약 시대의 백성들이 일반적으로 '애통'의 감정을 배경으로 위로를 표현한다는 점을 설득력 있게 제시하였다. 앤더슨은 그의 책 『애통할 때, 춤출 때: 이스라엘 종교에서 슬픔과 기쁨의 표현(A Time to Mourn, A Time to Dance: The Expression of Grief and Joy in Israelite Religion)』에서 이스라엘 종교와 개인의 삶 속에 나타난 다양한 기쁨과 애통의 표현들을 면밀히 조망하였다. 그것을 통해 고대 근동인들이 애통과 긴밀한 연관 속에서 위로를 이해하고 표현하였다는 점을 아래와 같이 설명하였다.

위로는 **애통**하는 자의 **애통**에 함께 '공감'하는 상징적 행동을 취하거나 또는 그 **애통**을 '그치게 한다'는 뉘앙스를 내포한다. 문법적 언어로 표현하자면, 전자는 위로 동사의 진행적 용례(processual usage)

---

9. Akpunonu, *The Overture of the Book of Consolations*, 74.

를 반영하는 데 반해, 후자는 결과적 용례(resultative usage)를 나타낸다. ······ 위로의 결과적 용례는 **애통의 행위를 기쁨의 행위로 바꾸는 것**을 의미한다.[10]

동일한 맥락에서 올얀은 그의 책 『성경적 애통(Biblical Mourning)』에서 이스라엘 사회의 애통 의식에 대한 이론적 패러다임을 확립하였다. 그 연구에서 그는 위로자의 역할을 고난과 슬픔 가운데 있는 사람이 그 "애통의 상황을 종식시킬 수 있도록 중재(intervention)"하는 것으로 설명하였다.[11] 이들의 연구에서 우리는 고대 이스라엘인들은 주로 애통과 슬픔을 배경으로 위로를 이해하였고, 그런 감정으로부터의 변화와 회복을 위로로 받아들였다는 점을 알 수 있다. 즉 그들은 추상적인 개념이 아니라 동적인 개념으로 위로를 이해하였던 것이다. 제임스 바(James Barr)에 의하면, 이스라엘인들에게 "진정한 실체(true reality)는 어떤 사물이나 상황에 관한 추상적 추론을 통해 도출되는 것이 아니라, 그것의 실제적인 활동(action)이나 움직임(movement)" 그 자체를 의미한다.[12] 따라서 바의 주장은 고대 히브리인들이 위로를 정적이거나 추상적인 개념보다, 애

---

10. Gary A. Anderson, *A Time to Mourn, A Time to Dance: The Expression of Grief and Joy in Israelite Religion* (UniversityPark, Pa: Pennsylvania State University Press, 1991); YunGab Choi, "To Comfort All who Mourn: The Theological and Hermeneutical Function of Isa 61-62 in the Book of Isaiah," (Ph.D. diss., Trinity Evangelical Divinity School, 2015), 32-33.

11. Saul M. Olyan, *Biblical Mourning: Ritual and Social Dimensions* (Oxford: Oxford University Press, 2004), 61.

12. Barr, *The Semantics of Biblical Language*, 11-12.

통을 중심으로 그것이 기쁨과 감사로 변화(transition)되거나 애통하는 이의 슬픔에 동참하는 동적인 개념으로 해석하였음을 강력하게 지지한다.

따라서 우리는 고대 이스라엘인들이 그들의 사회·문화적 정황 속에서 '위로'를 첫째, 애통하는 이의 슬픔에 함께 동참하는 것으로, 둘째, 애통이 기쁨과 감사(찬양)로 회복되는 변화 그 자체로 이해하였다고 여길 수 있다. 구약성경을 면밀히 살피면, 애통이 기쁨과 감사로 바뀌는 극적인 변화와 반전이 위로를 표현하는 전형적인 모형(paradigmatic type)으로 자주 등장한다(창37:35; 사22:4; 61:2-3; 66:10-14; 욥29:25; 애1:2,16,21; 2:11-13; 대상 7:22; 느3:7; 렘16:7; 31:13-15; 전4:1). 이와 같은 감정과 정서의 변화는 단순히 슬퍼하는 이의 아픔과 고통, 상실, 괴로움의 상황이 종식된 것을 암시하기도 하지만, 많은 경우 과거 그들의 비참했던 운명이 반전(reversal of former fortune)되는 것을 내포하기도 한다. 대표적으로 나오미가 며느리 룻에게 말했던 위로가 운명의 반전을 내포한다(룻1:9).

그렇다면 구약성경은 위로를 애통과 슬픔의 정서와만 연결시켜 일괄적으로 표현하고 있을까? 물론 그렇지 않다. 구약성경은 위로를 애통의 상황에서만이 아니라 다른 극도의 고통스럽고 절망스러운 상황에서의 회복으로도 종종 묘사한다. 이런 위로의 회복은 다음과 같이 크게 네 가지의 고통과 괴로운 상황을 배경으로 나타난다. ① 죽음(창24:67; 삼하12:24; 13:39), ② 내적 두려움과 근심, 모멸감, 부끄러움(창50:21; 사12:1; 겔 16:54; 시23:4; 77:2-3; 욥7:11-13; 애1:17-20), ③ 외적 재난과 억압, 저주(창5:29; 시 71:21; 86:17; 119:76,82; 욥2:11; 룻2:13; 사40:1; 49:13; 애1:9), 그리고 ④ 하나님의 심판으로 인한 국가적 재난과 파멸(사51:3,12,19; 52:9; 54:11; 겔14:22-23; 습1:13,17).

구약성경에서 위로는 많은 경우 이와 같은 외적·내적인 극한의 상황에서의 변화와 함께 나타난다. 하지만 여기서 간과하지 말아야 할 점은 이와 같은 고통과 절망적인 상황들은 보편적으로 깊은 애통과 슬픔을 공통적으로 동반한다는 것이다. 애통은 인간이 경험할 수 있는 고통과 고난, 절망, 그리고 상실에 대한 가장 보편적이고 일반적인 감정적·정서적 반응 중 하나다. 다시 말해, 애통은 인간이 체험할 수 있는 괴로움, 비참함, 그리고 아픔의 감정 또는 정서를 가장 포괄적으로 표현하는 대표적인 개념이란 말이다. 따라서 구약성경에서 위로의 전형적인 개념이자 표현으로서, 애통이 기쁨으로 변화되는 이 패턴은 다른 종류의 고통, 절망, 상실, 그리고 아픔이 기쁨으로 변화되는 그런 위로를 배제하지 않는다. 오히려 전자는 하나의 상위 개념으로서 후자의 변화들을 전체적으로 포괄한다. 나아가 구약성경의 다양한 위로의 표현들, 즉 애통에서의 변화든지, 아니면 고통, 상실, 아픔과 절망에서의 변화든지, 그 위로의 표현들은 기쁨과 감사라는 정서적·감정적 결과들을 공통적으로 수반한다(사12:1,3,4,6; 49:13; 51:3; 52:9; 66:10-14; 렘31:13-14; 시71:21-23). 그러므로 위에 언급된 위로의 표현들은 고대 이스라엘인들이 그들의 삶을 통해 보편적으로 경험하였던 위로를 전달한다고 볼 수 있다.

흥미롭게도 신약성경도 구약성경과 별반 다르지 않은 방식으로 위로를 표현한다. 대표적으로 예수님께서 산상수훈을 선포하실 때, "애통하는 자는 복이 있나니 그들이 위로를 받을 것임이요"(마5:4)라는 강론에서 애통을 배경으로 위로를 선포하셨다. 사도 바울도 유사한 방식으로 위로를 표현하였다. "형제들아 자는 자들에 관하여는 너희가 알지 못함을 우리가 원하지 아니하노니 이는 소망 없는 다른 이와 같이 **슬퍼하지 않게 하려 함이라** …… 우리가 예수께서 죽으셨다가 다시 살아나심을 믿을진대 이와 같이 예수 안에서 자는 자들도 하나님이 그와 함께 데리고 오시리라 …… 그러므로 이러한 말로 **서로 위로하라**"(살전4:13-14,18). 사도 바울은 슬픔 가운데 있던 데살로니가 교회 성도들이 예수님의 부활과 재림에 관한 소망으로 서로 위로할 것을 권면하였다. 물론 신약성경 또한 성도의 다양한 환란과 시련, 그리고 고통을 배경으로 위로를 묘사하기도 했지만(고후1:3-7; 살전4:13-18), 많은 경우 위로가 애통을 배경으로 기록되었다는 점은 부인할 수 없는 사실이다. 즉 성경은 일관된 방식으로 애통의 감정이나 정서를 중심으로 위로를 표현하고 있다.

위로란 애통하는 자의 슬픔에 동참하거나, 또는 그 애통이 종결되고 기쁨과 감사가 회복되는 것을 의미한다. 이런 의미에서 신약성경에서 '위로하다'라는 동사는 '새 힘을 주다'(사12:1-2), '권면하다'(행15:31-32), '후원하다'(행9:31)라는 동사들과 동의어로도 사용된다. 물론 이 위로의 변화는 다른 종류의 감정과 상황, 즉 고통과 절망, 상실, 괴로움에서 기쁨과 감사로의 변화도 아울러 내포한다. 이 위로는 슬픔과 고통, 절망과 탄식 가운데 있는 자들이, 때로는 여전히 그런 상황 가운데 놓여 있음에도 불구하고, 그 슬픔과 애통이 기쁨으로 변화됨으로 말미암아 다음 순간, 다음 날, 그리고 남은 생애를 대하는 그들의 태도가 극적으로 바뀔 수 있

는 새로운 힘과 용기, 새로운 희망, 새로운 방향과 안목을 획득하였음을 내포한다.[13]

위로의 성경신학적 의미에 관한 세 번째 측면은, 조금 더 의미를 확대하여, 위로는 명사적 실체로서 애통을 기쁨으로 변화시키는 매개체(사람, 사건, 친절한 말, 글, 미래의 소망과 확신 등)를 지칭하기도 한다는 것이다. 이미 앞서 밝혔듯이, 고대 이스라엘의 사회·문화적 정황에서 위로는 애통이 기쁨으로 회복되는 감정의 변화나 움직임 그 자체를 의미한다. 하지만 의미를 조금 더 확장하여 우리는 일상을 통해서, 그리고 성경의 진술을 통해서, 이와 같은 근본적인 위로의 변화를 촉발하는 매개체나 사물 또한 명사적 의미에서 위로로 받아들인다. 예를 들어, 시험을 망친 아이들이 떡볶이를 먹은 후, "서로 위로를 주고받았어."라고 종종 말하곤 하는데, 여기서 떡볶이가 시험으로 인해 상처 나고 슬픈 그들의 마음을 회복시키는 매개체 역할을 한 것이고, 이런 경우 떡볶이가 그들의 위로가 된 셈이다.

이와 같은 용례는 성경에서도 예외가 아니다. 이사야 선지자는 하나님께서 시온의 슬퍼하는 자들의 위로를 다시 회복시키실 것이라고 선언하였다. "내가 그의 길을 보았은즉 그를 **고쳐줄 것이라** 그를 **인도하며** 그와 그를 **슬퍼하는 자들**에게 **위로를 다시 얻게 하리라**"(사57:18). 여기서 하나님께서는 시온의 길과 상처를 보셨으며, 그래서 그것을 치유하시고

---

13. 톰 라이트, 『모든 사람을 위한 고린도후서』, 이철민 역 (서울: IVP, 2003), 18-19.

선한 길로 인도하실 것이라고 약속하신다. 이 약속이 그들의 슬픔을 기쁨으로 전환시키는 매개체, 즉 위로가 되는 것이다. 시편 23편 3-4절에서도 시인 다윗은 그가 사망의 음침한 골짜기로 다닐지라도 해를 두려워하지 않은 이유는 주의 지팡이와 막대기가 그를 위로(안위)하기 때문이라고 고백한다. 여기서 하나님의 지팡이와 막대기가 사망의 음침한 골짜기를 걸어가며 두려움과 슬픔에 사로잡힐 수 있는 다윗을 보호하는 매개체고, 따라서 그의 위로가 된다. 사도 바울도 종종 그에게 좋은 소식을 전해 주었던 동역자(디도)나 그를 통해서 전해 들은 교회의 영적 성장에 관한 소식이 그에게 위로가 되었다고 말하였다(골4:11; 고후7:6).

이상의 내용을 바탕으로, 우리는 성경에 나타난 위로의 개념을 아래와 같이 도식화할 수 있다.

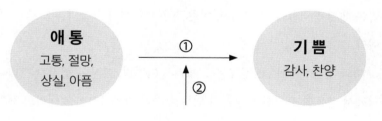

<표 1> 구약시대의 위로의 의미

위의 도식에서 ①은 동사적 관점에서의 위로를, ②는 명사적 관점에서의 위로를 의미한다. 즉 성경은 위로를 동사적(동적인) 관점에서 애통이 종식되고 기쁨으로 회복되는 변화를 내포할 뿐 아니라, 명사적 관점에

서 그런 극적인 변화와 회복을 야기하는 사건이나 사람을 위로 또는 위로자로 명명하기도 한다.

위로에 관한 성경신학적 의미의 네 번째 측면은, 전체 성경을 통해 위로는 '일상의 위로'와 '신적 위로'로 구분된다는 것이다. 일상의 위로란 그 명칭 그대로 이스라엘 백성이 일상에서 서로 주고받는 위로를 일컫는다. 예를 들어, 이삭은 어머니 사라가 죽은 후 큰 슬픔 가운데 있었지만, 리브가와의 결혼을 통해 큰 위로를 얻을 수 있었다(창24:67). 즉 리브가와의 결혼이 이삭이 애통을 극복하고 일상의 기쁨과 행복을 다시 회복하게 되는 위로가 된 것이다. 이렇듯 구약성경은 이스라엘 백성들이 고난과 애통 가운데 있을 때, 어떤 특별한 계기를 통해 그들의 슬픔이 기쁨으로 회복되는 일상의 위로에 관해 종종 기술한다.

이에 반해 신적 위로는 이스라엘 백성이 국가적 또는 개인적 파멸과 고난에 처했을 때, 오직 하나님만이 그들에게 주실 수 있고 또한 구현하실 수 있는 위로를 의미한다. 대표적으로 언약 백성이 죄악으로 인해 슬퍼하고 절망할 때, 그들의 죄를 사하고 위로하실 수 있는 분은 오직 하나님뿐이시다. 이 위로는 하나님 외에 그 누구도 부여할 수 없는 것이다. 하나님의 심판으로 성전이 파괴되고 바벨론 포로라는 흉악한 재앙 가운데 있을 때, 그들의 죄를 사하시고 운명을 구원하여 위로를 성취하실 분은 오직 하나님뿐이시다. 이런 맥락에서 예레미야 선지자는 파멸된 시온성을 바라보며 더 이상 유다 백성 가운데 위로자가 없다고 탄식하였다(애1:2,9,16,17,21). 하지만 이사야 선지자는 바벨론 포로상황 속에서 이스라엘의 거룩하신 하나님께서 그들의 참된 위로자가 되신다고 선포하였다(사51:12; 40:1-2; 49:13; 51:3). 이런 본문들이 말하는 위로는 일상적인 위로라기보다 신적 위로, 즉 하나님만이 허락하고 성취하실 수 있는 위로를 의미한다. 하나님께서 성취하시는 신적 위로는 단순히 슬픔이 기쁨으로 변화되는 위로에 그치는 것이 아니라, 언약 백성의 영적인 비참함과 절망을 다루며, 그들의 죄가 사함 받고 그들의 운명이 근본적으로 회복되어 구원에 참여하게 되는 그런 초월적이고 영속적인 위로를 내포한다고 하겠다. 나아가 하나님의 신적 위로는 죄사함을 통해 구원받은 하나님의 백성들이 이 땅에서 성령의 내주하심과 도움으로 말씀을 기쁨으로 순종하고, 궁극적으로 하나님 나라를 세워가는 복되고 영광스러운 삶을 살도록 인도한다.

여기서 우리는 교회와 성도만이 갖는 특권이 있음을 알게 된다. 그것은 다름 아니라 그들은 일상의 위로뿐 아니라 신적 위로도 함께 누릴 수 있다는 것이다. 하이델베르그 교리문답 제1문이 밝히듯이, 성도가 그리스도의 소유가 되어 그분의 보혈로 모든 죗값을 완전히 치르고 마귀의 모든 권세에서 해방되는 것은, 성도와 교회만이 누릴 수 있는 지극한 축복이자 위로다(벧전1:18-19; 요일1:17; 2:2,12; 요8:34-36; 히2:14-15; 요일3:8; 마10:29-30; 눅21:18). 아울러 하나님께서는 그분의 뜻이 아니면 머리털 하나도 땅에 떨어지지 않도록 성도를 보호하시고, 모든 것이 합력하여 그/그녀의 구원을 이루도록 일하신다(마10:29-30; 눅21:18; 요6:39; 10:27-30; 살후3:3; 벧전1:5; 롬8:28;). 무엇보다도 성령님을 허락하셔서 성도에게 영생을 확신시켜 주시고, 이 땅에서 즐거이 그리고 마음을 다하여 하나님과 그분의 나라를 위해 사는 복된 삶을 살도록 도우신다(롬8:16; 고후1:22; 5:5; 엡1:13-14; 겔36:26-27; 롬8:14; 고후3:6,18; 요일3:3).[14] 따라서 성도와 교회는 세상에서 일상의 위로로 위로할 수 없는 큰 슬픔과 상실 가운데 있는 주변 사람들, 예를 들어, 과거의 죄악과 연약함으로 절망하는 자들이나 큰 상실로 슬퍼하는 자들을 성령 안에서 기도와 말씀으로, 곧 신적 위로로 위로할 수 있다.

지금까지 우리는 성경신학적인 관점에서 위로를 정의하였다. 위로는 어둡고 부정적인 상황과 감정을 전제한다. 고대 이스라엘의 사회·문화적 정황에서 위로는 애통의 상황을 중심으로 이해되고 표현되었다. 즉 위로란 애통이 기쁨과 감사로 회복되는 변화 그 자체를 의미한다. 또한 위로는 애통하는 이의 슬픔에 동참하는 행위를 내포한다. 의미심장하게도, 이런 위로의 변화들은 우리가 위로를 명쾌하게 이해할 수 있도록 도울 뿐 아니라, 슬픔과 고통 가운데 있는 가족과 동료, 교우를 위로하기 위한 뚜렷한 방식과 전략을 제공한다. 이런 맥락에서 '위로하다'라는 동사는 '새 힘을 주다', '권면하다', '후원하다' 등의 동사들과 일맥상통한다. 또한 이와 같은 위로의 변화를 가능케 하는 매개체(사람, 사건, 말, 글, 소망과 희망, 확신)는 명사적 의미에서 슬픔과 고통 가운데 있는 이들에게 더 없이 소중한 위로가 된다. 결과적으로 고통과 슬픔 가운데 있는 자가 기쁨과 감사를 회복하였다는 것(위로받았다는 것)은 그 괴로움의 상황이 종식

---

14. 자카리아스 우르시누스, 『하이델베르크 요리문답 해설』 원광연 역(서울:크리스천다이제스트, 2021), 63.

되었거나, 아니면 비록 그 괴로움과 슬픔의 상황이 종식되지 않았을지라도, 그 위로 또는 위로자로 말미암아 내일의 시간과 남은 생애를 새롭게 살아갈 새로운 희망, 새로운 가능성, 새로운 길을 넉넉히 볼 수 있는 곳에 서 있음을 의미한다.[15]

끝으로 성경은 사람들이 일상의 삶에서 서로 주고받는 일상의 위로뿐 아니라, 하나님과 교회만이 허락할 수 있는 신적 위로를 동시에 기술한다. 분명 인간의 위로에는, 그리고 일상의 위로에는 한계가 있다. 하지만 교회와 주의 종(들)이 성령님의 임재 가운데 제공하는 신적 위로에는 한계가 없다.

2. 하나님의 위로를 향하여

이 책의 목적과 관련하여 이 책에서는 이사야서를 중심으로 구약성경에 나타난 위로의 토대(씨앗)와 요소, 방편, 전망을 살핀 후, 신약성경에서 그 위로의 성취를 통전적으로 다루고자 한다. 구약성경에서 하나님께서는 고난과 시련 가운데 있는 백성을 친히 위로하시는 위로의 하나님이시다. 이런 맥락에서 신약성경 또한 하나님을 '모든 위로의 하나님'으로 묘사한다(고후1:3). 고린도후서 1장 3-7절은 교회가 그리스도 안에서

---

15. 라이트, 『모든 사람을 위한 고린도후서』, 18-19.

경험할 위로를 무려 10번이나 강조함으로써 신약 시대의 교회가 환란과 고통 가운데서도 충만한 위로를 경험하는 위로의 공동체임을 구체적으로 제시한다. 따라서 이 시대의 성도와 교회 또한 고통과 시련 가운데 있을 때, 믿음 안에서 신령한 위로를 추구할 뿐 아니라 나아가 그 위로를 전하는 것은 지극히 당연한 것이다.

그러나 안타깝게도 기독교 신앙세계 안에서 하나님께서 그리스도를 통해 성령님의 힘으로 성도와 교회 가운데 구현하고자 하시는 위로가 어떤 것인지를 면밀히 살핀 연구는 아직까지 그렇게 많지 않다. 아니, 어쩌면 거의 전무하다고 하겠다. 기독교계에 있는 위로와 관련한 책들은 대부분 고통과 아픔의 이면에 있는 하나님의 선하신 의도와 통치를 신정론의 관점에서 새롭게 조망함으로써 삶의 문제와 괴로움을 새로운 관점에서 바라보도록 돕는 것이다. 대표적으로 카슨(D. A. Carson)이 저술한 『위로의 하나님』은 하나님께서 다양하면서도 때로 이해되지 않는 고통과 절망, 상실, 슬픔 가운데 있는 성도와 교회를 향해 여전히 선한 의도와 통치를 견지하고 계신다는 사실을 설득력 있게 피력하였다.[16] 그 책을 통해서 고통과 절망 속에 있는 성도는 장차 하나님께서 그/그녀를 위해 성취하실 놀라운 일들과 선한 섭리를 바라보게 되고, 현재 당면한 고통과 절망을 새로운 관점에서 바라볼 수 있게 된다. 물론 하나님께서 행하실 새 일들도 기대할 수 있게 된다. 또한 그런 깨달음에 기초해서 그/

---

16. D. A. 카슨, 『위로의 하나님』, 한동수 역 (서울: CLC, 2006).

그녀는 분명 깊은 위로를 경험할 수도 있을 것이다. 그럼에도 불구하고 이런 책들과 연구는 성도와 교회의 위로를 간접적으로 다룬다는 한계를 피할 수가 없다.

조금 더 구체적으로 이와 같은 이론과 연구들은 성도뿐 아니라 교회의 위로와 관련하여 다음과 같은 세 가지 아쉬움을 여전히 남긴다.

첫째, 기존의 책이나 이론은 성도와 인생의 고통과 문제에 대한 깊은 성찰은 제공하지만, 정작 하나님의 위로에 대한 구체적인 내용은 제공하지 못한다. 전체 성경을 통해 분명히 삼위 하나님께서는 성도와 교회가 당면한 현실의 고통과 아픔뿐 아니라 그들의 영적이고 존재론적인 죄악의 비참함을 마주하시며, 나아가 그들을 그 절망의 수렁에서 구체적인 방식으로 위로하신다. 그런데 기존의 책과 이론은 성도와 교회에게 간접적인 방식으로 위로를 제공해왔지만, 정작 하나님께서 성도와 교회 가운데서 성취하시는 위로의 토대와 요소, 방편, 전망에 대해서는 체계적인 이론과 사상을 실질적으로 제공하지 못해왔다.

우리는 대부분의 기독교인들이 고통과 절망의 상황에 직면했을 때, 그 상황을 극복하고 그들의 삶을 더욱 견고히 할 수 있는 신학 체계나 이론을 간구하고 있다는 사실을 잘 안다. 때로 그런 고통과 고난이 찾아오기 전에 그것들을 어떻게 신앙적으로 대처해야 할지, 그리고 그 속에서 우리가 발견할 수 있는 위로가 무엇인지 알게 된다면 더 없이 좋을 것이다. 평안하고 형통할 때와는 달리 이해되지 않는 절망과 고통, 아픔이 우리 삶에 찾아올 경우, 그 상황이 얼마나 막막하고 답답한가? 그런 때에 만약 누군가가 기독교 신앙이 말하는 위로의 근원과 요소, 성취의 방편 및 방식, 전망을 알고 있고 그것을 명쾌하게 말해 준다면 그 얼마나 든든하고 큰 힘과 위안이 될까? 이런 관점에서 이 책은 성경에 기술된 위로의 토대와 요소, 성취 방식을 성경신학적인 관점에서 면밀히 조망하고 다루길 원한다. 또한 하나님께서 성도와 교회를 향해 제공하시는 신령한 위로가 얼마나 견고하고 영속적인 것인지 살피고자 한다.

둘째, 사역적인 측면에서 기존의 책이나 이론은 사역자(목회자, 선교사, 성도)가 성도와 세상을 향해 신령한 위로를 어떻게 구현해야 할지에 대한 구체적인 체계를 제공하지 못했다. 하나님의 위로를 갈망하는 고통 중에 있는 자(성도)가 교회에 찾아왔다고 가정해 보자. 당신은 어떻게 그/그녀를 위로할 것인가? 과연 위로는 어떻게 하는 것이고, 하나님의 위로는 성도와 교회 속에 어떻게 구현되는가? 인간적인 친절함만으로 그/그녀를 위로할 수 있는가? 그런 친절함만으로 도무지 위로할 수 없을 것 같은 경우, 사역자와 교회는 어떻게 그/그녀를 위로해야 하는가? 이런 다양한 질문을 접할 때, 많은 사역자와 교회는 막막할 수밖에 없다.

구약과 신약 성경을 유심히 살펴보자! 그러면 우리는 곧장 하나님께서 고통과 절망 가운데 있는 그분의 백성을 위로하는 데 그 누구보다 진지하셨고 진심이셨다는 사실을 깨닫게 된다. 고대 근동의 창조 서사시인 창조 설화나 홍수 이야기를 읽어본 적이 있는가? 대표적인 창조 서사시인 『에누마 엘리쉬(Enuma Elish)』와 『아트라하시스(Atrahasis)』는 만물의 창조, 태초의 전쟁, 신의 풍유, 인간의 모습에 관해 상세하게 기술하고 있다. 그런데 놀라운 점은 이 신화나 서사시에서 신이 인간을 위로한다는 내용은 전혀 발견할 수 없다는 것이다. 왜냐하면 고대 근동의 서사시나 신화에서 인간은 먼지와 같이 미천한 존재로 창조되었기 때문이다. 즉 인간은 위로를 받을 수 있을 만한 그런 존엄이나 가치를 지닌 존재가 아니었기 때문에 신이 인간을 위로할 이유가 없었던 것이다.[17]

이에 반해 성경에는 하나님께서 인간을 위로하셨고, 위로하실 것이라는 내용들로 가득 차고 넘친다. 왜냐하면 하나님께서 인간을 그분의 '형상'과 '모양'을 따라 그분의 자녀로 창조하셨기 때문이다(창1:27-28). 이 얼마나 놀라운 사실인가! 구속 역사를 통해 하나님께서는 바벨론 포로 가운데 있던 그분의 백성을 진심으로 위로하셨다. 그리고 그 위로의 성취와 전망을 새 창조와 함께 상세하게 선포하셨다. 다시 말해, 구약과 신약 성경은 신적이고 초월적인 위로에 관해 그 어떤 책이나 이론보다 풍부하고 구체적인 이론적 체계와 요소들을 제공하고 있다고 할 수 있다. 따라서 이 책은 하나님께서 그분의 백성 가운데서 성취하신 위로의 내용과 방식을 면밀히 조망함으로써 사역자와 교회가 어떻게 위로의 사역을 이 땅 가운데서 수행할 수 있을지 그 이론적이고 사역적인 원리를 밝히고자 한다.

셋째, 기존의 책과 이론은 교회가 가진 영속적이고 초월적인 위로의

---

17. 고대 근동의 창조 신화와 창세기 1-11장의 창조 기사 사이의 차이점을 알기 원한다면, 아래의 책을 참조하라. 고던 웬함, 『성경 전체를 여는 문 창세기 1-11장 다시 읽기 창세기 원형역사 속의 하나님, 인간, 세계』, 차준희 역 (서울: IVP, 2020).

본질과 특성을 밝히지 못하는 아쉬움이 있다. 최근 몇 년 동안 기독교 대학의 입시에서 미달사태가 지속되고 있다. 필자는 그 원인을 세상과 구별된 참된 위로와 구원을 보여주지 못하는 교회의 세속화와 타락에서 찾을 수 있다고 믿는다. 이는 이 시대 교회의 슬픈 자화상이기도 하다. 그리고 어쩌면 이와 같은 교회의 모습은 기존의 책과 이론이 성경의 위로에 대해 진지한 관심을 기울이지 않았기 때문이지 않을까 생각한다. 과연 교회가 누리고 있고, 또 누려야 할 견고하고 초월적인 위로는 어떤 토대와 요소, 특징을 가질까? 교회는 세상을 향해 어떤 위로의 사역을 수행해야 할까? 이런 질문들에 답하기 위해 필자는 구약성경의 이사야서와 신약성경에 천착하여 기독교가 말하는 위로의 초월성, 견고함, 그리고 영속성을 탐구하고자 한다. 하나님께서 그분의 백성을 위로하시는 모델은 오늘날 교회가 험한 세상 속에서 고난과 역경을 당하는 자들을 어떻게 위로할 것인지에 대한 진지한 가르침을 제공할 것이다.

이사야서는 두 가지 측면에서 구약성경의 그 어떤 책보다 위로를 연구하는 데 풍부한 내용과 자료를 제공한다. 첫째, 역사적 배경을 고려할 때, 이사야서는 구속역사에서 가장 암울하였던 바벨론 포로 시대와 포로귀환 후 시대를 배경으로 기술되었다. 그렇기 때문에 이사야서는 그 어떤 성경보다 위로에 대해 풍부한 자료를 제공한다. 구체적으로 이사야서의 중요한 장으로 꼽히는 12, 40, 49, 51, 61, 66장은 위로 모티프를 중심으로 시온 백성의 포괄적인 구원과 새창조를 묘사한다. 시온 백성의 범죄에 대한 하나님의 엄중한 심판(사1-39장)과 메시아 종의 사역을 통한 죄의 대속과 구원(사40-66장)이라는 전체 구도 속에서 시온 백성이 장차 경험할 신적 위로와 영광을 세심하게 다루고 있다. 둘째, 구약과 신약 성경의 관계를 고려할 때, 이사야서는 구약성경의 그 어떤 책보다 신약성경의 십자가의 대속사건과 죄 사함, 구원, 성령의 임재, 위로, 새 이스라엘의 탄생을 구체적으로 예견하고 있다. 따라서 이사야서를 통해 위로를 연구하는 것은 신약성경의 위로를 통전적으로 연구하고, 나아가 전체 성경에 계시된 영속적이고 초월적인 위로를 탐구하는 데 적절한 토대를 마련한다.

이상의 내용을 바탕으로 다음 장부터는 이사야서 말씀들과 신약성경의 몇몇 말씀들을 통해 위로의 구체적인 토대와 요소, 전망, 특징을 다룰 것이다. 조금 더 구체적으로 1장에서는 이사야 12장을 중심으로 위로의 시작을, 2장에서 이사야 40장과 49장을 중심으로 위로의 세 가지 중심 요소를, 3장에서 이사야 53장을 중심으로 메시아의 대속 사역과 위로를, 4장에서 이사야 61장을 중심으로 위로의 사역자와 그 성취를, 5장에서 이사야 51장과 66장을 중심으로 위로의 종합적인 결과인 새 창조를 다룰 것이다. 끝으로 6장에서는 누가복음 2장, 사도행전 9장, 고린도후서 1장을 중심으로 이사야의 위로가 신약 시대에 어떻게 성취되는지를 살피면서 신약성경의 위로를 다룰 것이다. 그리고 이 탐구를 위해 정경적 접근법, 수사적 방법, 그리고 언어적 접근을 활용할 것이다.

노아 이전 시대까지 인류는 범죄와 저주로 인해 땅에서 수고롭게 일해야만 했다. 그것이 그들의 전부였다(창5:29). 어쩌면 그것이 하나님 없는 인류의 실존이지 않을까? 하지만 성부 하나님께서는 구속사 가운데서 성자 예수님의 십자가를 통해 참된 위로를 성취하셨고, 성령님 안에서 그 위로를 우리에게 적용하고 부여하셨다. 이 책은 이사야서를 중심으로 구약성경에 기술된 위로를 중점적으로 다루지만, 동시에 신약 시대에 성취된 위로도 함께 다룸으로써, 성경에 계시된 신적 위로를 통전적인 방식으로 해석하고자 한다. 이를 통해 독자들은 고대 근동의 어떤 서사시나 현존하는 문학 작품보다 인간에게 가장 긴급하고 절실하게 요구되는 신적 위로를 성경이 구체적이고 실존적으로 기술하고 있음을 발견하게 될 것이다. 이 책을 읽는 독자들은, 혹 고통 가운데 있을 수도 있고, 혹 그렇지 않을 수도 있겠지만, 하나님을 무서운 심판의 하나님이 아니라, 변함없이 견고한 위로를 제공하시는 위로의 하나님으로 새롭게 발견하게 될 것이다. 또한 언젠가 찾아올 인생의 어려운 질문들에 대하여 모호한 감으로서의 지식이 아니라 단단한 앎에 기초한 지식의 체계로서 위로에 대해 알게 될 것이다. 끝으로 위로의 부요함과 영속성을 하나의 성경신학적 체계로서 확립하게 될 때, 교회는 세상을 향해 아낌없이 위로를 제공하는 영광스런 위치에 서게 될 것이다.

<토의문제>

1. 고대 근동의 사람들은 어떤 움직임을 통해 위로를 이해하였는가?

2. 성경의 위로는 크게 두 가지로 나뉘는데, 그것은 각각 무엇인가?

3. 하나님께서 주시는 위로는 세상의 일반적인 위로와 어떻게 다른가?

4. 나에게 위로가 되는 것들에는 주로 어떤 것들이 있는가? 말과 행동, 그리고 그 외에 무엇이 위로가 되었는가?

5. 삶을 살아가면서 큰 위로를 경험하였거나 누군가에게 큰 위로를 준 경험이 있는가? 그런 위로의 경험이 있다면 함께 나누어보자.

1장

위로의 씨앗과 발화

: 새출애굽, 그리고 믿음

(이사야 12장)

이 장에서는 이사야 12장을 중심으로 '위로의 씨앗(토대)과 발화'를 다루고자 한다. 이사야 12장은 이사야서에서 하나님의 위로를 처음으로 다루는 곳이다. 뿐만 아니라 이후에 전개될 위로의 근본 토대와 믿음에 근거한 위로의 발화를 제시하는 곳이다. 따라서 이사야 12장은 위로의 씨앗을 담고 있는 장이라고 할 수 있다. 이사야 12장에 등장하는 위로의 근본 토대와 패턴은 이후 이사야서에서 점진적으로 발전하여 시온 백성의 종말론적 구원과 회복이 성취되는 데 근원적인 역할을 한다.

1. 이사야서 개관

이사야 12장이 제시하는 위로의 의미와 맥락을 제대로 살피기 위해, 이사야서의 전반적인 메시지와 구도를 잠시 개관하도록 하자. 이사야서는 주제에 따라 1-39장, 40-55장, 56-66장 세 부분으로 나뉜다. 먼저 주전 8세기 시온의 사회·종교적 상황을 배경으로 한 이사야 1-39장은 주로 시온의 범죄를 고발한 후, 그에 대한 하나님의 진노와 임박한 심판을 중점적으로 다룬다. 유다 백성은 하나님과 맺은 언약을 배반한 채 스스로 만든 우상과 종교생활을 숭상하는 데만 열심이었다. 그들은 하나님의 불 심판을 받았던 소돔과 고모라의 백성들과 같이 악을 자행하였다(사1:10). 그때 선지자 이사야가 그들을 향해 하나님의 엄중한 심판을 선포하였는데, 그것은 머지않아 성취될 당시 세계를 재패하였던 앗시리아의 침략과 이후 바벨론 포로생활을 예견한 것이었다(사13,14장). 특히 그리 오래되지 않은 때에 앗시리아의 침략으로 동족 이스라엘이 패망(주전 722년)한 것을 두 눈으로 지켜보아야 했던 유다 백성들은 선지자에 의해 예견된 하나님의 진노와 임박한 심판에 공포와 두려움을 느낄 수밖에 없었다.

그런데 이런 심판의 메시지 가운데서도 이사야 1-39장은 하나님께서 메시아 왕을 보내시어 남은 자들을 구원하고 위로하실 것을 계속해서 말한다(사9,11,12,25-27,31-33장). 이사야 선지자는 시온이 심판당한 이후 새 싹처럼 새롭게 돋아날 경건한 남은 자들을 예견한다(사6:10-13). 또한 그 남은 자들과 함께 하나님 나라를 새롭게 건설하고, 공의와 정의로 그 나라를 다스릴 새로운 다윗 왕, 즉 메시아의 출현을 선언한다(사9:1-7; 11:1-9). 하늘로부터 하나님의 영이 임하실 때, 메시아 왕은 공의와 정의로 그 나라를 통치하고, 백성은 영속적인 평화와 안전을 누리며, 그 땅은 광야가 아름다운 밭과 숲으로 변화되는 새 창조를 경험하게 될 것이다(사32:1-4,15-20). 이런 문학적·신학적 배경에서 이사야 선지자는 시온 공동체가 장차 경험하게 될 위로의 시작을 알린다.

> "그 날에 네가 말하기를 여호와여 주께서 전에는 내게 노하셨사오
> 나 이제는 주의 진노가 돌아섰고 또 주께서 나를 안위(위로)하시오니
> 내가 주께 감사하겠나이다"(사12:1)

하나님께서는 거룩하신 분이시기 때문에 시온의 패역함과 죄악을 간과하실 수 없으시다. 그래서 시온을 심판해야만 하셨다. 하지만 하나님께서는 또한 자비하고 선하시기 때문에 그 심판의 과정을 통해 시온을 정결케 하시고(사1:24-26), 그 가운데 남은 경건한 자들을 새 이스라엘로 세우시려는 놀라운 경륜도 가지고 계셨다(사9,11장). 그러므로 이사야서를 통해 선포된 시온 백성을 향한 하나님의 근본 계획은 심판과 재앙이 아니라, 오히려 그들의 회개와 정화, 구원, 그리고 영광이다. 이런 맥락에서 그들을 향한 하나님의 위로가 시작된다(사12:1-3). 이 위로는 하나님의 심판이 성취된 후, "그날에" 하나님께서 남은 자들에게 허락하실 위

로를 일컫는다.

두 번째 단락인 이사야 40-55장은 위로의 관점에서 남은 자들이 경험하게 될 구원과 회복을 중점적으로 다룬다(사40:1; 49:13; 51:3,12,19; 52:9; 54:11). 여기서는 주전 6세기 시온 백성이 바벨론 포로로 있던 고난과 절망의 때가 그 배경이 된다. 놀랍게도 이 단락의 첫 장인 이사야 40장은 바벨론 포로로 있던 시온 백성을 향해 선포된 다음과 같은 위로의 말씀으로 시작한다. "너희의 하나님이 이르시되 너희는 위로하라 내 백성을 위로하라"(사40:1). 이 첫 구절이 이사야 40-55장의 중심 주제를 전달한다.

이사야 40-55장은 포로로 잡혀있던 백성들을 향한 두 가지 크고 본질적인 질문에 대답하는 것으로 구성되어 있다. 첫 번째 질문은 남은 자들은 어떻게 죄에서 구원받을 것인가이다. 시온 백성들은 이사야 1-39장에 기술된 그들의 패역과 죄악으로 말미암아 바벨론 포로라는 엄중한 심판 아래 놓여있었다. 그러므로 죄의 문제가 해결되지 않는 한, 그들은 하나님과의 관계에서 여전히 죽은 자이며, 바벨론 포로의 심판과 저주라는 외적인 문제 또한 근본적으로 해결될 수 없었다. 물론 그들의 운명도 결코 회복될 수 없을 것이었다. 죄악의 문제가 해결되어야만 그들은 참된 위로와 평안을 얻을 수 있었다. 두 번째 질문은 남은 자들은 바벨론 포로에서 어떻게 해방될 것인가이다. 이사야 40-55장은 영적·실존적 문제와 함께 시온의 현실적인 고통과 슬픔의 문제도 적극적으로 다룬다.

앞의 첫 번째 질문과 관련하여 이사야 53장은 고난 받는 메시아 종의 희생과 대속 죽음을 통해 하나님께서 남은 자들의 죄를 대속하시고 그들을 의롭게 하시는 놀라운 구속사적 사건을 성취하실 것이라고 언급한다. 그때 시온 백성들은 새로운 공동체로 회복될 것이다(사53장). 두 번째 질문과 관련해서 이사야 44장 28절-45장 7절은 고레스 왕을 통해 남은 자들이 바벨론 포로에서 해방되고, 한 종의 인도로 예루살렘으로 귀환할 것이라고 말한다(사49-54장). 그러므로 이사야 40-55장은 메시아 종을 통해 남은 자들이 영적으로 죄의 속박에서 구원받게 되는 실존적·영적 변화와 함께 고레스 왕을 통해 그들이 물리적·역사적으로도 바벨론 포로생활에서 해방되는 통전적 위로를 다루고 있다.

이런 점에서 하나님의 위로는 영적인 문제뿐 아니라 삶의 현실의 문제까지도 함께 어루만지는 포괄적인 회복과 구원을 함의한다고 하겠다. 특히 눈여겨보아야 할 점은, 이 단락의 마지막 장인 이사야 55장에서 새 언약이 체결됨으로써 의로운 남은 자들이 과거 다윗 왕조가 독점적으로 누렸던 영광스러운 특권과 지위, 권세를 수혜 받게 된다는 언약의 민주화(democratization of the covenant)를 강조하고 있다는 것이다(사55:3-5). 여기서 우리는 과거의 범죄로 하나님의 심판이라는 두려움에 놓여 있던 남은 자들(사1-39장)이 메시아 종의 대속 희생과 죽음으로 의롭게 되고, 나아가 다윗 왕이 가졌던 영광스런 언약의 특권 및 지위와 축복을 상속받게 되는 놀라운 운명의 반전(위로)을 예견하게 된다.

끝으로 세 번째 단락인 이사야 56-66장은 예루살렘에 귀환한 남은 자들, 즉 새 이스라엘 공동체가 누릴 영적 상속과 영광, 축복의 실체를 상세하게 다룬다. 앞서 이사야 40-55장에 예언되었던 위로와 회복의 약속들이 과연 어떻게 성취되는지를 이 단락에서 보여준다. 먼저 지금까지 하나님의 뜻을 거역하였던 악인들, 즉 영적·정치적 엘리트 의식에 사로잡혀 범죄를 자행하였던 악한 자들은 궁극적으로 멸망하게 될 것이다 (사61:2; 63:1-6; 66:22-24). 반면, 남은 자들, 즉 하나님의 말씀에 순종하며 공의와 정의를 행한 종들은 구원의 빛과 치유를 누리게 될 것이다.

선지자는 이 단락에서 남은 자들의 삶에 있는 장애물들, 즉 그들의 삶에서 하나님께 나아가는 길을 가로막는 다양한 죄악들과 탐심을 제하여 버릴 것을 강조한다(사57:14-21). 다시 말해, 성화의 삶을 촉구한다. 그러면 그들은 메마른 광야를 지날 때에도 영혼의 만족함과 안식을 경험하고, 물 댄 동산같이 생수가 끊이지 않는 신비한 은혜와 생명을 누리게 될 것이라고 말한다(사58:8-12). 무엇보다 하나님의 영(The Spirit of God)의 임재와 함께 그들은 가장 근본적이고 심대한 변화와 회복을 얻게 될 것인데(사61:1-6), 그것은 다름 아니라 그들의 영(spirit)이 영적인 힘과 지혜, 권능을 덧입어 그들이 이전에 행하지 못하였던 고질적인 문제, 즉 지금까지 실패하였던 공의와 정의를 삶속에서 실천하는 의의 나무로, 또는 공의로운 공동체로 성장하게 되는 것이다.

그때 그들은 약자에게 지웠던 흉악의 결박과 멍에의 줄을 풀어주고, 주린 자에게 양식을 나눠 주며, 괴로워하는 자의 심정을 만족케 하는 거룩한 백성이 될 것이다(사58:6-11). 아울러 마음이 상한 자는 치유를, 포로된 자는 자유를, 갇힌 자는 놓임을 경험하는 희년(Jubilee)을 맞게 될 것이다(사61:1-5). 이것이 하나님 나라가 임한 새 이스라엘의 본질적인 모습이다. 나아가 의로운 남은 자들은 하나님과의 영원한 언약 체결을 통해 과거의 황폐하였던 비참한 운명을 뒤로하고, 찬란한 영광과 지위와 특권을 열방에 자랑하는 영광스러운 왕비로 등극하게 된다(사62:1-5; 참조. 사 55:1-5). 그들은 새 이스라엘을 이루고, 새 하늘과 새 땅에서 흘러넘치는 풍성한 위로를 맛보게 될 것이다(사66:10-13).

이상에서 볼 수 있듯이 이사야서는 하나님의 심판 이후 남은 자들이 경험하게 될 찬란한 회복과 구원을 그들의 위로와 함께 기술하고 있다.

2. 이사야 12장의 구성과 개요

이상의 이사야서 전체 내용과 구도를 염두에 두고 이제 이사야 12장에 나타난 위로를 조망해 보도록 하자. 첫 번째 단락인 이사야 1-39장에서 위로 모티프는 유일하게 이사야 12장에만 등장한다. 이사야 12장은 이사야 1-12장의 내용을 마무리하는 장인데, 이곳에 하나님의 위로가 등장하는 것은 의미심장하다.[1] 무엇보다도 이사야 1-12장이 이후 이사야서

---

1. 1절에 나타난 "여호와의 화"는 주제적·언어적으로 5장 25절, 9장 11[12],16[17],20[21]절, 10장 4,5,25절과 연결된다. 4절에서 "여호와의 이름이 높임"받게 되는 주제는 2장 11,17절에 등장하여 이 구절과 서로 호응한다. 끝으로 6절에 등장하는 "이스라엘의 거룩하신 분"은 1장 4절, 5장 19,24절, 10장 20절에 등장하여, 12장과 언어적·주제적인 면에서 서로 호응한다. 이사야 12장이 1-11장과 갖는 주제적·언어적 연결을 심도 있게 살피길 원한다면 다음의 자료를 참조하라. B. S. Childs, Isaiah(Louisville: Westminster John Know, 2001), 108; Hans Wildberger, *Isaiah1-12* (Minneapolis: Augsburg Fortress Publishers, 1991), 499-508; H. G. M. Williamson, *The*

의 메시지를 요약적으로 보여주는 해석학적 틀(framework)로서 기능한다는 점을 고려할 때, 이사야 12장의 위로 모티프는 이후 전체 이사야서에서 펼쳐질 위로 메시지의 청사진 역할을 한다고 볼 수 있다.

이사야 12장 1-6절은 일반적으로 '종말론적 경배의 찬양시(the eschatological hymn of praise)'로 알려져 있다. 즉 이사야 12장은 하나님께서 장차 시온 공동체에 성취하실 놀라운 구원과 위로를 감사 찬양시 형태로 다루고 있다. 당시 시온 공동체에서 힘 있는 자들은 부당한 방법으로 약자들의 집과 땅을 착취하여 부를 늘렸다. 그야말로 포학과 탄식이 그 공동체를 지배하고 있었다(사5:7-9). 그들의 예배는 종교적인 위선과 거짓으로 가득하였고, 언약 관계의 본질인 공의와 정의는 무너진 지이미 오래였다. 공동체의 일상은 속임수와 범죄로 가득하였다(사1:4-7). 그때 하나님께서 이사야 선지자를 통해 다음과 같이 대대적인 심판을 선언하신다.

> "이 백성이 모두 경건하지 아니하며 악을 행하며 모든 입으로 망령되이 말하니 그러므로 주께서 그들의 장정들을 기뻐하지 아니하시며 그들의 고아와 과부를 긍휼히 여기지 아니하시리라 그럴지라도 여호와의 진노가 돌아서지 아니하며 그의 손이 여전히 펴져 있으리라"(사9:17; 참조. 사9:12,21)

Book Called Isaiah: Deutero-Isaiah's Role in Composition and Redaction (New Your: Clarendon Press/Oxford University Press, 1994), 118-19.

그들은 소돔과 고모라의 백성들과 같이 하나님의 불 심판을 피할 수 없는 운명에 놓여 있었다. 그럼에도 당시 영적·정치적·사회적 엘리트 의식에 고취되어 있던 악인들은 선지자의 이러한 심판 외침에 귀 기울이지 않았다. 하지만 경건하고 의로운 백성들은 하나님의 진노와 임박한 심판 앞에 공포와 불안으로 두려워하지 않을 수 없었다(사1:24; 2:11; 3:8-11; 5:6-25; 6:11-12; 9:19-21; 10:22-24; 참조. 사50:1; 54: 6-8). 그것은 유다라는 거대한 나무를 단번에 베어버리고도 남을 만한 유래 없는 대대적인 심판일 것이기 때문이었다(사6:11-13). 그런 때에 그들에게 절실했던 것은 그들의 삶을 지탱해 줄 소망과 위로였다. 이런 정황에서 이사야 12장은 장차 남은 자들이 경험하게 될 위로의 씨앗, 즉 위로의 근본 토대와 발화를 기술하고 있는 것이다.

시온의 종말론적 위로를 다루는 이사야 12장 1-6절은 크게 두 단락으로 나뉜다. 1-3절이 첫째 단락이고, 4-6절이 둘째 단락이다.[2] 첫 번째 단락은 세 번 반복된 *yšûâ*(예수아, 구원: 2a,2d,3b절)가 명시적으로 강조하듯이, 하나님께서 시온 백성에게 성취하실 구원을 중점적으로 다룬다. 반면 두 번째 단락은 "여호와의 이름"(*šemô*[쎄모; 4b,4d절]), "그의 크신 일"(*ᵃlilôtâyw*[알리오타브; 4절], *gēᵃût*[게우트; 5절]), 그리고 "선포"(*qirᵃû*[키루; 4b절])를 통해 장차 시온 백성이 크신 하나님의 이름과 업적을 온 땅에 선포할 것을 묘사한다. 1절과 4절에 등장하는 동일한 도입문구, 즉 "그 날에 네가 말하기

---

2. YunGab Choi, *To Comfort All who Mourn: The Theological and Hermeneutical Function of Isa 61-62 in the Book of Isaiah* (Ph.D. Trinity Evangelical Divinity School, Illinois), 225.

를"($w^e\bar{a}mart\bar{a}$ $bayy\hat{o}m$ $hah\hat{u}$[1절])과 "그 날에 너희가 또 말하기를"($wa\ ^a martem$ $bayy\hat{o}m$ $hah\hat{u}$[4절])은 이사야 12장의 일관성을 더하는 데 크게 기여한다. 또한 다양한 찬양과 기쁨의 언어들($\bar{o}d^ek\hat{a}$[오데카; 1절]/$h\hat{o}d\hat{u}$[호두; 4절], $zamm^er\hat{u}$ [잠머루; 5절], $sah^al\hat{i}$[짜할리; 6절], $r\bar{o}nni$[로니; 6절], $\acute{s}\bar{a}\acute{s}\hat{o}n$[싸쏜; 3절])은 이사야 12장의 통일성을 크게 증폭시킨다. 요컨대 이사야 12장은 하나님께서 시온을 위해 행하실 크고 놀라운 일들, 즉 시온의 구원과 그것을 경험한 시온 공동체의 적절한 반응과 사역을 감사 찬양시의 형식으로 전달하고 있다.

3. 위로의 씨앗(근본 토대)

그렇다면 이사야 12장은 위로(모티프)를 어떻게 묘사하는가? 그리고 위로의 씨앗, 즉 위로의 근본 토대는 무엇이고, 그것은 어떻게 시작되고 발화되는가? 먼저 위로의 근본 토대를 살펴보자. 이사야 12장은 위로의 근본 토대에 관해 두 가지를 말하는데, 하나는 하나님에 의한 시온의 구원이고, 다른 하나는 하나님의 크신 임재이다.

(1) 하나님에 의한 시온의 구원

위로의 첫 번째 근본 토대로서, 시온 백성들은 하나님께서 성취하실 구원에서 위로를 경험할 수 있었다.

1절 그리고 그 날에 네가 말하기를

여호와여! 나는 당신을 찬양할 것입니다

비록 전에는 나에게 진노하셨사오나

이제는 당신의 진노가 돌아셨습니다

그리고 당신은 나를 위로하셨습니다

2절 보라 여호와는 나의 구원이시라

내가 신뢰하고 더 이상 두려워하지 않을 것입니다

왜냐하면 주 여호와는 나의 힘이시고 노래이시기 때문입니다

그리고 그는 나의 구원이 되셨습니다

3절 그러므로 여러분은 기쁨으로 구원의 우물에서 물을 길을 것입

니다(저자번역)

1-3절에서 시인은 시온 백성의 입장을 대신해 말하는 형태를 취한다. 그 내용은 비록 하나님께서 과거에 시온을 향해 진노하셨지만(사5:25; 9:12,17,21; 10:4,25; 13:3,9; 30:27; 42:25; 63:6), 그 날에는 그 진노가 돌아서고, 그분의 백성을 위로하실 것이라는 것이다(1절). 그 놀랍고 확고한 사실에 시온은 감사하면서 하나님을 찬양하고 기뻐한다. 언어적으로 1절의 히브리어 '우트나하메니(ûṭnaḥᵃmēnî; 그리고 당신이 나를 위로하시오니)'가 이사야 12장의 위로 모티프를 확인해준다. 무엇보다도 시온이 하나님의 심판에 대한 두려움과 슬픔 가운데 있음에도(1-2절) 불구하고, 그것이 여기서 기쁨과 감사, 찬양으로 바뀐 것이 그들의 위로를 반증한다. 또한 그들이 내적 신뢰(2절)와 새 힘(2절)을 회복한 것도 공포와 절망의 상황에서 경험하

고 있는 위로를 뚜렷이 보여준다.

　그렇다면 그들이 이런 공포와 절망의 상황에서도 위로를 경험할 수 있었던 결정적인 요인은 무엇일까? 그것은 다름 아니라 하나님께서 그들을 구원하실 것이라는 사실이다. 그들은 이 사실에 근거하여 위로를 경험할 수 있었다. 1-3절에서 세 번 반복된 핵심단어인 '구원(y͑šūā)'이 강조하듯이, 그 날에 하나님께서는 그들을 향해 더 이상 진노하지 않으시고, 오히려 구원의 하나님(Lord)이 되실 것이다. 그들을 향한 하나님의 뜻이 진노와 심판에서 구원으로 바뀐 것이다.

　수사적인 관점에서 볼 때, 1-2절에 반복된 'i' 모음은 전형적인 각운('ānaptā bî[아나프타 비; "나에게 진노하셨다"] → t͑enahᵃmēnî[터나하메니; "나를 위로하셨나이다"] → y͑ešûāṭî[여슈아티; "나의 구원이십니다"])을 이루면서, '나'라는 인물로 대표되는 시온 공동체와 하나님께서 그들을 위해 성취하실 세 가지 사역(진노, 위로, 그리고 구원)을 각각 강조한다. 나아가 의미론적으로 하나님의 진노(A), 위로(B), 구원(A')은 ABA'(카이아스틱)구조를 형성하며 깊은 상관관계를 이루는데, 시인은 이 의미론적 구조를 통해 하나님의 진노(A)가 그분의 구원(A')으로 변화되는 것이 위로의 본질(B)임을 암시한다. 다시 말해, 하나님께서 시온 백성을 향한 진노를 돌이키지 않으시는 한, 그리고 그 진노의 근본 원인이라 할 수 있는 죄의 문제가 해결되지 않는 한, 그들은 어떤 방편으로도 참된 위로를 경험할 수 없다는 것이다. 이런 의미에서 그날에 시온 백성을 향한 하나님의 진노가 돌아선 것은 그들의 죄의 문제가 해결되고, 바벨론 포로에서의 비참한 운명이 회복된 것을 내포한다. 물론, 다음 장에서 다루겠지만, 이와 같이 놀라운 시온의 구원은 이사야 40-55장에 나타난 메시아 종의 대속 죽음을 통한 시온의 존재론적 회복(죄사함)과 고레스의 자유 선포를 통한 물리적 회복(포로에서의 해방)을 미리 내다보는 것이다. 이 놀라운 하나님의 구원은, 비록 그들이 극한 심판의 두려움과 공포 가운데 있었지만, 그들의 위로를 담보하였다.

이제 2-3절에 기술된 구원과 위로의 관계를 조금 더 상세히 살펴보자. 이 구조는 시온의 위로가 하나님의 구원에 근거하고 있음을 잘 보여준다. 1절이 하나님의 진노가 돌아설 때 시온이 경험하게 될 위로를 언급하고 있다면, 2절은 그 위로가 성취되는 구체적인 근거와 방식을 잘 보여준다. 2절은 의미상 아래와 같은 카이아스틱 구조(ABB'A')를 형성한다.

A 보라! 여호와는 **나의 구원**이시라
   B (그러므로) 내가 신뢰하고 더 이상 두려워하지 않을 것입니다
   B' 왜냐하면 주 여호와는 나의 힘이시고 노래이시기 때문입니다
A' 그리고 그는 **나의 구원**이 되셨나이다

이 구절에서 하나님께서 시온의 구원이 되신다는 사실이 수미상관(A, A')을 이룬다. 또한 시온이 힘과 노래이신 하나님을 신뢰할 때, 그들은 더 이상 두려움에 사로잡히지 않고 위로(B', B)를 누리게 될 것이다. 그런데 전체적으로 이 구절은 하나님의 구원(A, A')이 시온 백성의 위로(B, B')를 감싸 안은 형태를 취한다. 즉 하나님의 구원과 시온 백성의 위로가 긴밀

하게 연결되어 있음을 보여준다.

조금 더 상세하게 살피면, B와 B′는 시온 백성 가운데 구현된 위로와 그 원인을 구체적으로 기술한다. 윌리암슨(H.G.M. Williamson)과 브루그만(W. Bruggemann)에 의하면, B절(*ebṭaḥ wᵉlō' 'ephāḏ*[에브타 버로 에프하드]; "내가 신뢰하고 두려워하지 않을 것입니다")은 전형적인 히브리 시의 두운법(alliteration)으로서, "신뢰와 두려움을 정교하게 대조"시킨다.[3] 그러면 시인은 여기서 무엇을 신뢰하는가? 그는 B′절에서 하나님께서 그의 힘과 노래가 되셔서 그를 구원하실 것을 확신한다(A, A′). 즉 그는 지금 진노 중에라도 인자와 긍휼을 잊지 않으시는 하나님과 그분의 구원을 바라보고 있는 것이다(합3:2).

특히 B′절에서 "주 여호와는 나의 힘이시고 노래이시다"라는 표현에 주의를 기울일 필요가 있다. B′절(*ki 'ozzi wᵉzimrāṭ yah yhwh*[키 오찌 버짐랏트 야 야웨]; "왜냐하면 주 여호와는 나의 힘이시고 노래이시기 때문입니다.")은 구약성경에서 구원의 전형을 뚜렷하게 보여주는 출애굽기 15장 2절(*'ozzi wᵉzimrāṭ yah*[오찌 버짐랏트 야]; "주는 나의 힘이시고 나의 노래이십니다." 참조. 시118:14)을 그대로 인용하고 있다. 그런데 출애굽기 15장은 어떤 찬양을 표현하고 있는가? 이 노래는 바로와 그의 군대가 홍해에서 수장된 직후, 하나님의 구원을 경험한 모세와 이스라엘 백성이 대대적으로 부른 구원의 찬양이다. 따라서 이사야 12장 2절에서 시인이 하나님을 시온의 힘과 노래로 고백하는

---

3. H.G.M. Williamson, *Isaiah 6-12* (London: T&T Clark, 2018), 726. Walter Brueggemann, *Isaiah1-39*. WBC (Louisville: Westminster John Knox Press, 1998), 109.

것은 이스라엘이 과거 역사를 통해 경험한 첫 출애굽의 승리와 해방, 구원을 상기시키는 것이다. 또한 5절의 "극히 아름다운 일(gē'ût; 게우트)"도 출애굽기 15장 1, 6, 20절에서 강한 왕과 용사로서 그분의 백성의 출애굽을 성취하시기 위해 이집트의 군대와 싸우시는 하나님의 표상을 뚜렷이 상기시킨다. 따라서 만약 이스라엘의 거룩하신 하나님께서 영원히 동일하신 분이시라면, 과거 그분의 백성을 원수의 억압과 고통에서 구원하신 사건은 장차 시온 백성 또한 그들의 물리적·영적 억압과 고난에서 동일하게 구원되고 승리를 얻게 될 것이라는 근거를 제공하는 것이다(출 14:14,25; 15:3-6,11).

우리는 이스라엘의 역사를 통해 하나님께서 성취하신 구원 사건들에서 일관되게 반복되는 '분명한 패턴(pattern)'을 감지할 수 있다.[4] 과거 이스라엘이 하나님의 크신 권능과 기적의 구원을 통해 경험한 놀라운 해방과 자유의 출애굽 사건은 장차 시온 백성이 경험하게 될 새출애굽의 모형이 된다. 즉 과거 이스라엘 백성이 애굽의 물리적·육체적 고통과 억압에서 구원받은 사건은 장차 시온 백성이 경험하게 될 억압과 결박, 두려움, 슬픔에서의 구원 사건을 미리 확신하게 만든다는 것이다. 이렇듯 첫 출애굽과 장차 성취하실 새 출애굽 사이에서 변함없이 일관되게 일하시는 하나님께서는 과거에 그러하셨던 것처럼 미래에도 그분의 백성을 위해 놀라운 구원과 승리를 쟁취하실 것이다. 이 흔들림 없는 확신에

---

4. Michael Fishbane, *Biblical Interpretation in Ancient* Israel (New York: Oxford University Press, 1985), 360.

찬 구원에 근거해서 시인은 위로를 노래하는 것이다.

여기서 우리는 이사야서의 위로 모티프가 중요한 신학적 변용(modification)을 이루고 있다는 점을 발견할 수 있다. 이사야서는 종종 고대 근동의 사회·문화적 정황에 비추어 일반적으로 통용된 슬픔과 고통이 '기쁨'으로 바뀌는 위로의 변화를 보여준다(사12:1; 61:1-3). 그러나 이사야서는 여기서 멈추지 않고 이 위로를 단순히 어떤 사람이나 사건을 넘어 출애굽의 해방, 즉 과거 그들의 역사에서 성취된 놀라운 구원 사건과 연결시켜서 해석한다. 출애굽 사건에서 나타난 해방과 자유, 승리의 패턴이 이후 이사야서의 위로 본문(40, 49, 51, 61, 62장)에도 계속 등장하면서 구원의 뚜렷한 모형이 되는 것이다.

이렇듯 이사야 선지자는 과거 출애굽 때에 경험한 놀라운 구원 사건에 기초해 하나님께서 그들을 위해 더 놀라운 구원을 성취하실 것이라는 확신을 갖게 되는데, 이것이 이사야서에서 말하는 위로의 근본적인 신학적 토대가 된다(사40:1-11; 49:8-23; 61:1-11). 이사야 12장 3절 또한 이스라엘 백성이 광야에서 경험한 놀라운 구원, 즉 반석에서 생수를 얻었던 사건(출17:1-7)을 상기시키며, 장차 시온이 기쁨으로 구원의 우물에서 물을 얻고 풍성한 위로와 생명을 누릴 것을 예견한다.

이사야 12장 1-3절에 나타난 위로와 구원의 의미론적 구조를 다이어그램으로 표현하면 다음과 같이 그릴 수 있다.

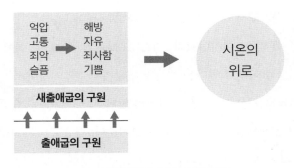

<표 1> 출애굽 사건에 근거한 시온의 위로

(2) 하나님의 크신 임재

위로의 두 번째 근본 토대로서, 시온의 위로는 크신 하나님의 임재에 근거한다. 12장 6절에서 하나님께서는 "이스라엘의 거룩하신 이($q^e\underline{d}\hat{o}\check{s}$ $y\hat{i}\check{s}r\bar{a}\dot{e}l$, 커도쉬 이스라엘)"시자 "크신 분($g\bar{a}\underline{d}\hat{o}l$, 가돌)"으로 소개된다. 먼저, 이사야 5장 19, 24b절에서 이스라엘의 거룩하신 하나님께서는 언약적 고소를 통해 시온에게 무서운 진노와 심판을 내리시는 주권자요 심판자로 등장하신다(참조. 사30:11,12; 31:1). 하지만 이사야 12장 1-6절에서는 확연히 다른 톤과 분위기로 이스라엘의 거룩하신 하나님께서 시온 백성의 위로자요 구원자로 등장하신다. 이와 같은 하나님의 표상은 이후 이사야서에서 더욱 구체적으로 왕과 용사, 목자의 이미지로 발전한다. 즉 하나님께서는 그분의 백성을 위해 용사처럼 싸우시고, 왕으로서 승리를 안겨다 주시고, 목자와 같이 그들을 억압과 포로에서 안전하게 해방시키신다(사40:9-11; 49:8-26)는 것이다. 이사야 41장 14절에서도 이스라엘의 거룩하신 하나님께서는 시온 백성의 구속자로서 그들을 온갖 고통과 억압,

슬픔에서 구원하신다.

거룩하신 하나님께서는 시온 백성의 구속자이실 뿐만 아니라 그들 가운데 크신 분으로 존재하신다. "이스라엘의 거룩하신 이가 너희 중에서 크심이니라"(6절). 구원 사건을 성취하신 하나님께서 지금 시온 백성 가운데 크신 분으로 출현하셨다. 이 임재는 그들에게 구원과 승리를 담보한다. 만약 이스라엘의 거룩하신 하나님께서 시온에 거하지 않으신다고 상상해보라! 그들의 왕과 용사, 목자이신 하나님께서 그들을 떠나 그들만 홀로 있다고 가정해보라! 그렇다면 하나님께서 과거에 성취하신 큰 구원과 해방의 사건, 그리고 그분의 전능하신 능력과 지혜가 다 무슨 소용이 있겠는가? 다시 말해, 이사야 12장 6절에서 시온 백성 가운데 하나님께서 크신 하나님으로 임재하신다는 사실은 이제 그분께서 과거와 같이 놀라운 구원과 해방, 승리를 성취하실 것임을 예견하는 놀라운 확신을 내포하는 것이다.

그래서 이후 이사야서는 하나님께서 시온 백성을 향해 영광과 권능 가운데 나아오시는 장면을 상세하게 묘사한다(사40:9-11). 즉 하나님의 임재는 그분께서 백성 가운데 임재하시는 정적인 상태를 의미하기보다 새로운 일을 성취하시기 위해 권능과 지혜로 그들 가운데 출현하시는 동적인 사건을 의미한다(출3:18; 5:3; 13:19; 사35:3-4; 40:9-11; 49장; 겔1장). 따라서 하나님의 나아오심은 그들의 구원과 생명, 보호, 위로를 예견하고 담보하는 구속사적 사건인 것이다. 반대로 하나님께서 그들을 떠나셨다는 것은 심판과 저주, 불안, 죽음이 곧 임박했다는 것을 내포한다(겔9,10장).

이런 맥락에서 이스라엘의 거룩하신 이가 시온에 임재하신다는 사실만으로도 시인은 크게 기뻐하고 찬양할 수 있었다(6절). 왜냐하면 하나님께서 그들과 함께하신다(임마누엘)는 것이 그들에게는 그토록 더없이 견고한 위로의 토대가 되기 때문이다.

이상에서 우리는 시온 백성의 위로를 가능케 하는 두 가지 근본 토대를 살폈다. 하나님의 크신 현존은 두려움의 공포와 슬픔 가운데 있던 시온 백성에게 위로의 근원이 되었다. 왜냐하면 그토록 크신 하나님께서 역사 속에서 왕과 용사, 목자로서 그분의 백성을 고통과 억압, 상실에서 구원하셨을 뿐 아니라 앞으로도 그들을 구원하시는 큰 일을 성취하실 것이기 때문이었다.

4. 위로의 발화

그렇다면 이 위로는 시온 백성들 속에서 어떻게 실제로 발화되고 시작되는가? 시온 백성은 단순히 구원의 하나님과 그분의 구원을 이성적으로 인식하는 것으로 삶의 고난과 절망, 두려움 속에서 위로를 발견할 수 있었을까? 그렇지 않다. 위로란 지성이 아니라 마음과 감성이 움직일 때 비로소 느껴지는 것이다. 그렇다면 그들은 어떻게 심판의 두려움과 절망 속에서 위로를 경험할 수 있었을까? 그것은 다름 아니라 시온 백성이 하나님과 그분의 구원을 굳게 확신할 때 그 안에서 견고한 위로를 누릴 수 있었다(2절).

12장 2절에서 시인은 심판의 두려움 속에서도 하나님과 그분의 구원을 신뢰할 때 두려움이 사라졌다고 강조한다. "보라 하나님은 나의 구원이시라 내가 신뢰하고 두려움이 없으리니……". 나아가 그런 확고한 신뢰에 근거해 그는 새 힘과 감사를 회복하고, 기쁨으로 하나님을 찬양하게 된다(2-3절). 이는 분명히 그가 하나님을 굳게 신뢰할 때 경험하게 된 위로의 정서적인 상황을 구체적으로 표현한 것이다. 따라서 고통과 슬픔 가운데 있던 시온 백성들 또한 거룩하신 하나님과 그분의 구원을 굳게 신뢰할 때, 그들 속에서 위로가 실제로 구현되는 것을 경험할 수 있었을 것이다.

수사적인 관점에서 볼 때, 예슈아 기태이(Y. Gitay)에 의하면, 12장 2절은 의미의 강조와 효율을 극대화하기 위해 히브리 시의 유명한 시적 기법 중 하나인 '플레오나스모스(*pleonasmos*)'(유의어 반복[tautology]: *'ebtah*[에브타; 내가 신뢰하다]와 *lō' ephād*[로 에프하드; 내가 두려워하지 않다])를 사용한다.[5] 즉 유사음의 반복을 통해 의미를 대조함으로써 시인은 하나님을 향한 "신뢰와 확신을 극적으로 강화하고" 있는 것이다. 이는 "하나님을 향한 시온

---

5. Yehosuha Gitay, *Isaiah and his Audience: the Structure and Meaning of Isaiah 1-12* (Assen: VanGorcum, 1991), 231. 고대의 문학 작품에 흔히 등장하였던 시적·수사적 기법중 하나인 '플레오나스모스'는 시적 의미를 강조를 위해 특정한 어구나 단어를 반복하는 기법을 일컫는다. 2절에서 "내가 신뢰할 것입니다(*ebtah*)"와 "내가 두려워하지 않을 것입니다(*lō' ephād*)"는 전형적인 '플레오나스모스'다. 이 기법에 대해 더 알고 싶다면 다음의 자료를 참조하라. Ed. Konig, *Stilistik, Rhetorik, Poetik* (Leipzig:1900), 170:35, 171:10, 176:23; E. W. Bullinger, *Figures of Speech Used in the Bible* (Grand Rapid: 1968),131-36.

의 신뢰에 그 어떤 제한도 존재하지 않음"을 강력한 기법으로 제시한 것이다.[6] 이렇게 시온 백성은 아무런 의심이나 흔들림 없이 크신 하나님과 그분의 구원을 온전히 신뢰하게 될 때, 현실 속에 드리워진 심판의 공포와 절망을 뛰어넘어 신령한 위로를 경험할 수 있었다.

의미론적으로 살필 때, '신뢰하다, 믿다'라는 뜻의 히브리어 '바타(bth,)'는 이사야서에 대략 26회 등장하는데, 주로 시온 백성의 삶을 규정 짓는 용어로 등장한다(사12:2; 26:3-4; 36:4-7,9,15; 37:10; 42:17; 47:8-10; 50:10; 59:4). 앗시리아의 장군 랍사게(Rabshakeh)가 예루살렘 성을 함락하기 위해 그 성을 포위했을 때, 그는 유다의 사신과 백성들을 회유하고 위협하려고 제일 먼저 하나님과 이집트를 향한 그들의 믿음을 흔들었다(사36: 4-15). 믿음이 흔들리면 마음과 정서가 흔들리고, 결국 삶의 기반과 질서가 흔들리기 때문이다. 반면, 국가적 위기와 혼란의 상황에서도 남은 자들은 하나님과 그분의 구원을 잠잠히 신뢰함으로써 영원한 반석이 되시는 하나님의 구원을 경험할 뿐 아니라 그분께서 주시는 힘과 평강을 누릴 수 있었다(사26:3-4; 30:15).

그러면 과연 믿음이란 무엇일까? 많은 대답이 가능하겠지만, 믿음이란 "은혜의 약속위에 근거해 우리 지성에 계시되고 성령에 의해 우리 마음에 날인되는, 우리를 향한 하나님의 선한 뜻에 대한 굳건하고 확실한 지식"이라 할 수 있다.[7] 그리고 이 믿음을 지지하는 토대는 다름 아니라

---

6. Gitay, *Isaiah and his Audience*, 231.
7. 장 칼뱅, 『1541년 프랑스어 초판 기독교 강요』, 김대웅 역 (서울: 복있는 사람, 2023), 289.

하나님의 진리에 대한 성도의 굳건한 '확신'이다. "성경에서 확신은 언제나 믿음과 결합하며, 확신의 목적은 어떤 의심이든 뛰어넘어 하나님의 선하심을 우리 앞에 있게 하는 것이다."[8] 성도는 하나님과 그분의 선하심에 대한 온전한 믿음 덕분에 삶에 깊이 드리워진 고난과 혼란, 상실, 슬픔을 뛰어넘어 하나님의 구원, 승리, 그리고 영생을 확신할 수 있다. 그러므로 언약 백성들에게 믿음의 확신이란 외적인 시련이나 내적인 혼란에도 불구하고 그들의 영혼과 정서, 삶을 지탱하는 견고한 반석과 같은 것이다. 마찬가지로 시온 백성들 또한 하나님과 그분의 구원을 흔들림 없이 굳게 확신할 때, 비로소 내적 두려움과 공포를 뛰어넘어 견고하게 설 수 있었고, 나아가 참된 위로가 그들 가운데 발화되고 성장하는 것을 경험할 수 있었다.

이상에서 우리는 이사야 12장 1-6절에 나타난 위로의 씨앗(토대)과 발화를 살폈는데, 이를 정리하자면, 첫째, 시온 백성은 그들 가운데 임하신 하나님의 크신 임재에서 위로를 경험할 수 있었다. 둘째, 시온 백성은 하나님께서 과거에 그러셨던 것처럼 장차 그 어떤 고통과 억압에서도 그분의 백성을 구원하실 것이라는 사실 때문에 기쁨과 감사 가운데서 위로를 누릴 수 있었다. 과거 이스라엘의 역사에서 왕과 용사, 목자이셨던 하나님께서는 이제 시온 백성을 위한 왕과 용사, 목자로서 그들의 원수들과 싸우시고, 그들을 공의와 정의로 다스리시고, 그들을 온전한 구원

---

8. 칼뱅, 『1541년 프랑스어 초판 기독교 강요』, 291.

으로 인도하실 것이다. 마지막 셋째, 무엇보다도 시온 백성은 이와 같이 놀라운 권능의 하나님과 그분의 구원을 굳게 확신하고 신뢰함으로써 두려움과 낙심으로 점철된 상황에서도 그것을 뛰어넘어 감사와 찬양을 회복하며 신령한 위로를 누릴 수 있었다. 즉 위로의 요건들이 믿음을 만날 때, 비로소 위로가 실제로 그들의 삶속에서 촉발하게 된 것이다.

이사야 12장에 나타난 위로는 마치 씨앗이 발화하고 성장하듯이 이후 이사야서 말씀을 통해 점진적으로 더욱 발전하고 성장한다. 위로의 두 가지 토대인 하나님의 임재와 구원 역시 이후 이사야서 말씀에서 더욱 구체화된다. 또한, 명시적으로 드러나지는 않지만, 신적 위로를 구현하는 방편으로서 하나님과 그분의 구원을 향한 성도의 견고한 믿음도 다른 모든 위로의 본문들에 전제되어 있다.

오늘날 그리스도인도 신앙의 여정을 걸어갈 때, 크고 작은 고통, 애통함, 억울한 사건을 만나기 마련이다. 그때 우리는 어떻게 신령한 위로를 누릴 수 있을까? 그것은 다름 아니라 견고한 구원의 확신, 즉 성령님의 내적 조명을 통해 선하고 크신 하나님과 그분의 구원을 의심 없이 확신하는 것에 있다. 구원의 하나님께서는 죄악의 속박에서뿐 아니라 삶의 다양한 고난과 시련에서 우리를 실제로 붙들고 구원하는 분이시다. 이 사실을 확신할 때 우리는 분명 하나님의 크신 구원과 위로를 누리게 될 것이다. 나아가 그렇게 시작된 위로는 성장과 성숙을 이루면서 고통과 슬픔 가운데 있는 성도의 삶을 질서 있게 지탱하는 한편, 그들을 하나님의 목적과 영광을 구현하는 복된 삶으로 인도할 것이다.

<토의문제>

1. 이사야 12장에서 선지자에게 위로가 필요하였던 상황은 무엇인가?

2. 이사야 12장에서 선지자는 과거 어떤 사건에 근거하여 시온 백성의 위로를 설명하였는가?

3. 이사야 12장에서 시온 백성의 위로의 토대가 되는 두 가지 근원은 무엇인가?

4. 위로의 씨앗은 어떻게 또는 무엇을 통해 발화되는가?

5. 하나님을 신뢰함으로써 두려움과 근심을 극복하고 위로를 경험하였던 경험이 있는가? 그런 경험이 있다면 함께 나누어보자.

2장

위로의 세 요소

: 여호와의 언약, 임재, 구원

(이사야 40:1-11; 49:1-26)

이사야 40-55장은 구약의 그 어느 성경보다 위로에 관해 풍성한 메시지를 전한다. 그것은 주전 6-5세기에 바벨론 포로라는 극한 고난과 절망, 속박 가운데 있던 시온 백성들을 견고히 붙들고 위로하던 메시지였다. 특히 이사야 40-55장의 서론의 시작을 알리는 이사야 40장 1절의 첫 구절은 "내 백성을 위로하라"는 하나님의 강력한 위로의 명령으로 시작한다. 그만큼 하나님께서는 이 단락을 통해 포로 가운데 있던 시온 백성을 위로하고자 계획하셨고, 그들을 설득하시며, 미래의 전망을 보여주셨다(사40:1-11; 49:13; 51:3,12,19; 52:8; 54:11).

이번 장에서는 이사야 40장 1-11절과 49장 1-26절을 중심으로 하나님의 위로가 지닌 세 가지 중요 요소를 중점적으로 조망하고자 한다. 이미 앞 장에서 우리는 이사야 12장에 기술된 위로의 두 가지 근본 토대, 즉 하나님에 의한 시온의 구원과 하나님의 크신 임재를 다루었다. 그런데 이사야 40-55장에서는 이 토대들이 바벨론 포로라는 시온 백성의 극한의 고통과 절망을 배경으로 더욱 구체적인 위로의 요소들로 발전한다. 그것들은 첫째, 하나님과 시온의 변함없는 언약(1-2절), 둘째, 하나님을 통한 시온의 구원(1-2절), 그리고 셋째, 하나님의 임재와 출현(3-5, 9-11절)이다.

이사야 12장 1-6절이 하나님의 심판 이후 '그날'에 시온 백성에게서 성취될 위로를 말한다면, 이사야 40장 1-2절은 그 심판 이후 바벨론 포로생활 가운데서 그들이 경험하게 될 위로의 요소들과 내용들을 다룬다. 포로시기를 거치면서 과연 누가 고통과 시련의 상황 속에서 하나님의 위로를 경험하게 될까? 당시 이 질문은 중요하게 대두되었다. 이 질문에 선지자는 하나님과 언약관계에 있는 자가 그분의 임재와 구원을 통해 신령하고도 견고한 위로를 경험하게 된다는 점을 강조하였다. 따라서 이사야 12장에서 이미 강조되었던 위로의 두 가지 요소(토대)에 하나님과의 언약관계라는 한 가지 요소를 더함으로써, 이사야 40장은 드디어 위로의 세 가지 요소를 확립하게 된다.

그분의 백성을 위로하고자 하셨던 하나님께서는 천상회의에서 그분의 사역자들이 위로의 요소들, 곧 하나님과의 관계와 임재, 구원하심을 그들에게 선포하고, 그것을 구현할 것을 명령하신다(사40:1-2). 이렇듯 이사야 40장은 고난과 고통 가운데 있는 그분의 백성을 향한 하나님의 가장 시급하고도 중요한 계획이 바로 그 백성을 위로하는 것임을 강조한다.

1. 이사야서에서 이사야 40장 1-11절의 위치와 역할[1]

이사야 40장 1-11절은 일관된 하나의 담론(discourse)으로서 시온의 위로와 그것의 선포를 정교하게 발전시킨다. 많은 학자들은 이 본문이 이사야 40-55장의 "서론(prologue)"으로서 "이사야서(40-55장)의 내용을 소개하는 구성적인 역할"을 수행한다고 주장한다.[2] 특히 데이비드 카(David McLain Carr)는 이사야 40장 1-11절을 이사야 40-55장의 "전체 텍스트, 그 메시지의 초점, 의도된 청중"을 거시적으로 조망하는 "메타 담론 문장(meta-communicative sentence)"으로 설명한다.[3] 즉 이사야 40장 1-11절에 있는 주제들(위로의 선포, 죄의 용서, 포로생활의 종식, 하나님의 길, 하나님께서 시온에 오심, 새출애굽)이 이사야 40-55장의 주요 주제들을 미리 예견한다는 것이다. 정리하자면, 이사야 40장 1-11절은 이사야 40-55장의 서론으로서 이 단락이 펼칠 하나님의 새로운 계획인 시온을 향한 구원과 위로를 구체적으로 반영한다고 하겠다.

이사야 40장 1-11절의 의미를 정확하게 파악하기 위해서는 이 본문의

---

1. YunGab Choi, *To Comfort All who Mourn: The Theological and Hermeneutical Function of Isa 61-62 in the Book of Isaiah* (Ph.D. Trinity Evangelical Divinity School, Illinois), 233-38.

2. David McLain Carr, "Isaiah 40:1-11 in the Context of the Macrostructure of Second Isaiah," in *Discourse Analysis of Biblical Literature: What It Is and What It Offers* (Atlanta: Scholars Press, 1995), 55.

3. Carr, "Isaiah 40," 55; Roy F. Melugin, *The Formation of Isaiah 40-55. Beihefte zur Zeitschrift für die Alttestamentliche Wissenschaft* (Berlin ; New York: De Gruyter, 1976), 85.

신학적·문학적 정황을 잠시 살피는 것이 필요하다. 18세기 계몽주의 이후 상당수의 학자들은 이사야 40-55장의 배후에는 바벨론의 포로 가운데 있던 시온 백성을 향해 하나님의 신탁을 외친 무명의 선지자(제2의 이사야)가 있다고 주장하면서,[4] 이사야 40장 1-11절을 무명 선지자의 소명을 다루는 '소명기사'로 분류하였다. 그들의 견해에 따르면, 주전 8세기 예루살렘 출신의 이사야 선지자는 이사야 39장까지만 등장하고, 이사야 40-55장은 제2의 이사야 선지자의 등장과 함께 새롭게 시작한다. 지난 세기동안 이 이론이 사실상 이사야 학계를 지배하였다.

하지만 1970년대 중반에 이르러 이 이론을 정면으로 반박하는 학자가 등장한다. 그는 다름 아닌 예일대학교 신학부 교수였던 브레바드 차일즈(Brevard S. Childs)다. 차일즈에 의하면, 비록 이사야 40장 1-11절이 구약의 다른 소명 기사들과 유사한 신학적·문학적 요소들을 갖지만, "이 단락에는 전통적인 소명 기사가 가진 대부분의 특성이 부족하고, 또한 3절과 6절에 나타난 정체불명의 목소리는 이례적인 요소들로 등장한다."[5] 나아가 크리스토프 자이츠(C. R. Seitz)는 이사야 40장 1-8절이 천상

4. Claus Westermann, *Isaiah 40-66: A Commentary* (Philadelphia: Westminster John Knox Press, 1969), 32; John L McKenzie, *Second Isaiah: Introduction, Translation, and Notes, AB 20* (Garden City: Doubleday, 1968), 16-18; Richard Clifford, *Fair Spoken and Persuading* (New York: Paulist, 1984), 71-76; Sigmund Mowinckel, "Die Komposition Des Deuterojesajanischen Buches," *ZAW* 49 (1931): 87-112; Joachim Begrich, *Studien zu Deuterojesaja* (Stuttgart: Kaiser, 1963), 58-59; Karl Elliger, *Deutero-Jesaja. BK 11/1* (Neukirchen: Neukirchener Verlag, 1978), 34; Georg Fohrer, *Das Buch Jesaja. Band 3. Kapitel 40-66* (Zurcher: Zurcher Bibelkommentare, 1964), 15-23.

5. B. S. Childs, *Isaiah* (Louisville: Westminster John Know, 2001), 295.

회의를 통해 포로로 있던 그분의 백성을 위로하고자 하신 하나님의 신적 선포를 다룬다고 주장함으로써, 이 본문의 정황을 보다 선명하게 해석하는 데 크게 기여하였다.[6]

자이츠의 주장은 다음과 같은 두 가지 해석학적 요인에 근거한다. 첫째는 이사야 40장 1-11절과 이사야 6장 1-13절 사이의 유사성으로, 이 두 본문은 공통적으로 '천상회의의 언어'를 나누고 있다.[7] 둘째는 이사야 1-39장과 이사야 40-55장 사이에 있는 간본문적 호응(intertextual-linkage) 이다. 이 두 요인을 좀 더 구체적으로 설명하자면, 먼저 이사야 40장 1-11 절과 이사야 6장 1-13절간에는 몇몇 주요한 언어적·주제적 호응관계가 존재한다. 즉 이사야 6장 3절과 40장 5절은 각각 온 땅에 충만하신 하나님의 영광을 묘사한다. 또한 이사야 6장 5절의 일인칭 동사형태(바오마르 [wāʾōmar])는 40장 6절에도 등장하여 모두 선지자의 '반대'나 '놀라움'을 묘사한다. 이사야 6장 8절의 천상회의에서 복수형으로 기술된 하나님의 임재("누가 우리를 위하여 갈꼬")는 이사야 40장 1, 3, 8절에 나타난 복수형 명령 및 복수 소유접미사와도 놀랍도록 평행을 이룬다.

---

6. C. R. Seitz, "The Divine Council: Temporal Transition and New Prophecy in the Book of Isaiah," *Journal of Biblical Literature* 109 (1990), 229-47; 자이츠 이전에 크로스(F. M. Cross) 또한 이사야 40장 1-8절의 재구성을 제안하였다. 크로스에 의하면, 이사야 40장 1-8절은 천상회의를 배경으로 하나님께서 천사 전령자들에게 전한 신적 지침의 장면을 반영한다(참조. 왕상 22:19 이하, 사6:1 이하, 욥1:6 이하). 그러나 40장 6-8절의 해석하면서 크로스는 다시 전통적인 이론인 선지자의 소명 기사로 돌아갔다. 크로스의 이론에 기초하여 자이츠는 다른 방향으로 자신의 이론을 발전시켰다. 이와 관련해서는 다음의 자료를 참조하라. "The Council of Yahweh in Second Isaiah," *Journal of Near Eastern Studies* 12(1953): 274-77.

7. Seitz, "The Divine Council," 240; Childs, *Isaiah*, 295.

다음으로, 자이츠에 의하면, 이사야서 본문들이 문학적·신학적으로 서로 영향을 주고받았다는 것은 고대 작품의 일반적인 특성에 속한다.[8] 마찬가지로 이사야 40-55장과 이사야 1-39장이 메시지의 구체화와 풍부함을 위해 서로 영향을 주고받았다는 가능성을 그 누구도 배제할 수 없다. 즉 이사야 40장 1-11절은 이사야 6장 1-13절을 기초로 할 뿐 아니라 이 본문과의 깊은 문학적·신학적 연속성 가운데 구성되었다고 볼 수 있다는 것이다. 요컨대 이사야 40장 1-11절은 이사야 6장 1-13절에 묘사된 '천상회의'를 전제한 신학적·문학적 정황에서 하나님께서 위로의 신적 명령을 선포한 것으로 해석할 수 있다.[9] 비슷한 맥락에서 월터 브루그만(W. Brueggemann)은 두 본문 사이의 의미론적 관계를 다음과 같이 설명한다.

> 이사야서의 전체 구조에서 이사야 40장 1-11절의 비전은 이사야 6장 1-13절에 묘사된 비전과 정교하게 대칭을 이룬다. 이사야 6장은 거만하여 더 이상 소망이 없던 유다를 향한 여호와의 심판 메시지를 확정한다면, 이사야 40장은 여호와께서 이스라엘의 운명을 새롭게 반전시키실 것을 확인하는 두 번째 확정을 선포한다.[10]

그러므로 이사야 40장 1-11절에서 하나님께서 포로 가운데 있던 시온

---

8. Seitz, "The Divine Council," 240.
9. Seitz, "The Divine Council," 240, 243.
10. Walter Brueggemann, *Isaiah 40-66* (Louisville: Westminster John Knox Press, 1998), 17.

백성을 향해 새로운 비전을 선포하시는 것은 이사야 선지자에게 새로운 사명이 부여되었기 때문이 아니라, 이사야 6장에 예견되었던 심판이 바벨론 포로로 인해 성취되었기 때문이다. 즉 전체 이사야서의 메시지는 선지자 개인의 존재와 사역에 근거한 것이 아니라(전통적인 견해), 영원하신 하나님의 말씀과 성취에 기초해 전개되는 것이다.[11]

이런 맥락에서 이사야 40장 1-11절은 이사야 6장 1-13절에 기술된 이사야의 신적 소명을 소급하여 재해석함으로써, 하나님의 심판이 짓게 드리웠던 포로 시대가 이제 끝나고, 하나님의 구원과 위로가 주도하는 새 시대가 도래하였음을 알리는 신호탄과 같은 역할을 한다.[12] 월터 브루그만도 "이사야 6장 1-13절이 1-39장의 중심 주제인 심판을 확인한다면, 이사야 40장 1-11절은 이 책의 후반부가 중점적으로 다루는 회복을 인허한다."[13]라고 말했다. 그러므로 이사야 40장 1-11절은 영원하신 하나님의 말씀에 근거하여 이사야 1-39장에 기술된 "옛 것"이 지나고, 나아가 이사야 40-66장의 "새 것"으로 반전되었음을 공개적으로 선포하는 신적 선포를 담고 있다.

11. Seitz, "The Divine Council," 245.
12. Childs, Isaiah, 295–96;Seitz, "The Divine Council," 243.
13. Walter Brueggemann, Isaiah 40-66, 17.

2. 이사야 40장 1-11절의 구조와 내용

유다에 대한 심판을 주로 다루는 이사야 1-39장은 이사야 40장에서 큰 분기점을 형성하며 종말론적 위로와 회복의 담론으로 전환한다. 많은 학자들은 이사야 40장 1-11절이 1-2, 3-5, 6-8, 그리고 9-11절로 나눠져 있지만, 주제의 일관성과 통일성을 갖춘 하나의 문학적 단위임에 틀림없다고 인정한다.[14] 예를 들어, 제인 쿨러(J. Kooler)는 이 본문을 "여호와의 구원 약속"이라는 관점에서 "고난의 종식(1-2절), 여호와의 영광의 계시(3-5절), 말씀의 압도적인 권능(6-8절), 그리고 여호와 자신의 임재에 대한 보증"을 펼치고 있다고 설명했다.[15] 반면, 베스트만은 위로의 관점에서 이 본문에 나타난 하나님의 선포의 내용과 구조를 아래와 같이 설명한다.

이 본문의 세 소절(3-5, 6-8, 그리고 9-11절)은 모두 "내 백성을 위로하라"(1절)란 외침과 함께 차례로 소개된다. 모든 절들은 하나의 외침

---

14. Childs, Seitz, Melugin, Westermann, Goldingay & David Payne, and J. L. Koole은 이사야 40장 1-11절을 주제의 일관성이 있는 한 단락으로 해석하였다. Childs, *Isaiah*, 293-303; Seitz, "The Divine Council: Temporal Transition and New Prophecy in the Book of Isaiah," 229-47; Melugin, *The Formation of Isaiah 40-55*, 82-86; Westermann, *Isaiah 40-66*, 31-46; John Goldingay and David Payne, *Isaiah 40-55 Vol 1:A Critical and Exegetical Commentary* (London: T&T Clark, 2007), 58-95; J. L. Koole, *Isaiah III. Volume I/Isaiah 40-48* (Kampen: Peeters, 1997), 44-79.

15. Koole, *Isaiah III. Volume I/Isaiah 40-48*, 47.

을 형성할 뿐 아니라 서로 긴밀하게 연결된 시리즈와 같은 정황을 보여준다. 여기서 첫 머리에 등장하는 '위로'가 그 위치와 중요도에 있어서 확실한 우위를 점한다. "내 백성을 위로하라"는 외침은 이후에 따라오는 메시지의 패턴을 결정하고 그것들을 확립한다. …… 하나님의 백성들이 위로받기 위해 광야에 길이 준비되어야만 했다. 또한 비록 나라가 황폐하였을지라도 하나님의 말씀은 변함없이 서 있다는 전령의 외침이 백성들에게 지속적으로 선포되어야만 했다. 끝으로 하나님의 오심이 임박하였다는 기쁨에 찬 선포가 유다의 전 도시들에 전달되어야만 했다.[16]

이사야 40장 1-11절은 이상과 같이 일관된 하나의 문학적 담론 (discourse)을 형성함으로써 시온의 위로와 그것의 선포를 정교하게 발전시킨다. 엄밀한 의미에서 이 본문에는 고대 사회의 위로를 확인하는 '기쁨'과 '찬양'의 언어가 등장하지 않는다. 하지만 1절에서 반복하여 명시적으로 등장하는 하나님의 '위로 명령'과 9절의 '므바쎄레트(meḇaśśeret; 아름다운 소식을 전하는)'는 이 본문에 상세하게 묘사된 시온의 변화들이 기쁨과 감격에 찬 위로를 기술하고 있음을 방증한다.

---

16. Westermann, *Isaiah 40-66*, 32-33.

3. 위로의 3대 근본 요소들

이사야 40장 1절은 천상회의를 통해 "위로하라 위로하라 내 백성을" 이라는 하나님의 엄중하고도 시급한 위로 명령으로 시작한다. 그 다음 구절들은 포로 가운데 있던 시온 백성들을 위로하는 근본 요소들을 다룬다.

1절 너희 여호와께서 이르시되
     위로하라 위로하라 내 백성을
2절 너희는 예루살렘의 마음에 닿도록 말하고 그녀에게 선포하라
     그녀의 노역의 시기가 다 찼고 그녀의 죄악이 사함 받았고
     그녀는 여호와의 손으로부터
     그녀의 모든 죄악들에 대해 배나 받았다
3절 한 소리가 외치길
     광야에서 여호와의 길을 예비하라
     사막에서 우리 하나님을 위하여 대로를 곧게 하라
4절 모든 계곡은 일제히 돋우어지고
     그리고 모든 산과 언덕들은 낮아지고
     고르지 아니한 땅은 평탄하게 되고
     그리고 험한 곳은 평지가 될 것이라
5절 그리고 여호와의 영광이 나타나고
     그리고 모든 육체가 그것을 함께 볼 것이라

왜냐하면 여호와의 입이 말씀하셨기 때문이다

(중략)

9절 너는 높은 산에 오르라

아름다운 소식을 시온에 전하는 자여

너는 힘을 다해 소리를 높이라

아름다운 소식을 예루살렘에 전하는 자여

너는 (소리를) 높이라 두려워 말라

유다의 성읍들에게 이르라

너의 하나님을 보라

10절 보라 주 여호와께서 장차 강한 자로 임하실 것이요

친히 그의 팔로 다스리실 것이라

보라 상급이 그에게 있고 보응이 그의 앞에 있으며

11절 그는 목자 같이 양 떼를 먹이시며

어린 양을 그 팔로 모아 품에 안으시며

젖먹이는 암컷들을 온순히 인도하시리로다

이 본문을 자세히 살피면 1-2절은 포로 가운데 있던 시온 백성들을 향한 하나님의 위로 선포와 그것을 성취하는 위로의 요소들과 방편들을 다룬다. 다음으로 3-5절이 하나님께서 시온의 위로를 성취하시기 위해 그분의 백성에게 나아오시는 모습을 다룬다면, 6-8절은 이 모든 하나님의 말씀과 뜻이 영원히 서 있을 것이라고 기술한다. 끝으로 9-11절은 시온의 위로를 성취하시기 위해 그들 가운데 친히 나아오시는 하나님의

임재와 사역, 표상들을 묘사한다. 이 본문은 이사야 40-55장의 전체적인 내용을 요약하면서 시온 백성의 위로와 관련된 중요한 요소들(핵심 요인들, 방편, 위로자)을 구체적으로 보여주는 역할을 수행한다.

그렇다면 이사야 40장 1-11절에서 시온의 위로가 구현되는 데 필요한 중심 요소들은 무엇일까? 이 본문은 다음과 같이 세 가지를 언급한다. 첫째, 하나님과 시온의 변함없는 언약(1-2절), 둘째, 시온의 구원(1-2절), 그리고 셋째, 하나님의 임재와 출현(3-5절, 9-11절)이다. 이제 이 위로의 요소들을 차례로 살펴보자.

(1) 하나님과 시온의 변함없는 언약

하나님과 시온 백성의 변함없는 언약(관계)은 시온의 위로를 보증한다. 바벨론 포로로 있을 당시 시온 백성들은 대부분 하나님께서 그들을 버리셨다고 생각했다(사40:27). 과거 하나님과 맺은 그들의 언약 관계는 이미 깨어졌고, 이로 말미암아 그들의 보호자이신 하나님께서 그들을 떠나셨다고 자책하였다. 또한 다음과 같은 많은 질문들이 그들을 괴롭혔다. "하나님께서는 강대국의 신들보다 열등한 신이신가?" "하나님께서는 왜 강대국의 침략으로부터 우리를 보호하지 않으셨는가?" "하나님과 그분의 약속은 과연 신뢰할 만한가?" "하나님의 백성인 우리에게 과연 미래는 존재하는가?" 바벨론 포로라는 상황은 이스라엘이 전통적으로 믿어왔던 하나님 및 그분과 관련된 신학을 뿌리째 흔들어 놓기에 충분하였다. 무엇보다도 그들을 괴롭혔던 것은 그들 가운데 팽배하였던 '영적 상실감'이었다. 그들의 보호자이신 하나님께서 떠나심으로 그들은 이제 영적 고아와 같은 신세로 전락하였다. 그 누구도 심지어 하나님께서도 그들을 도울 수 없을 것이라 생각했다.

그런데 이 같은 암울한 질문들과 상실감이 지배하던 시대에 하나님께서 그들에게 놀라운 말씀을 선포하신다. 곧 "너희 여호와께서 이르시되 위로하라 위로하라 내 백성을"이라는 말씀이다. 여기서 우리가 눈여겨보아야 할 점은 하나님께서 먼저 시온 백성을 '내 백성(암미['ammi])'이라고 부르신다는 것이다. 뿐만 아니라 하나님께서 스스로를 '너희들의 하나님(엘로헤켐['ĕlōhēkem])', 즉 시온 백성의 하나님이라고 명명하신다는 것이다. 의미심장하게도 여기에 등장하는 '너희들의 하나님'과 '내 백성'은 구약성경에 자주 등장하는 언약관계를 반영하는 명칭들이다(출6:6; 렘 26:12; 7:23; 11:4; 31:33). 쿨러(Koole)는 명시적으로 이 이름들이 하나님과 시온 백성 사이에 존재하는 "언약 (관계)의 실체를 강조한다."라고 주장하였다.[17] 즉 하나님께서는 그들과 맺은 언약관계가 여전히 지속되고 있고 변하지 않았음을 천명하고 계신다는 것이다. 하나님께서는 여전히 그들의 언약의 하나님이시고, 시온은 그분께 변함없는 언약의 백성이었다.

이사야 49장 14-16절은 하나님께서 언약 안에서 시온 백성을 향해 가지신 인자하심과 신실하심이 얼마나 크고 놀라운지를 더욱 극적으로 묘사한다.

---

17. Koole, *Isaiah III.Volume I/Isaiah 40-48*, 50.

14절 그러나 시온이 말하기를

　　　여호와께서 나를 버리셨다 나의 주께서 나를 잊으셨다

15절 여인이 그녀의 젖 먹는 아이를 잊으며

　　　자기 태에서 난 아들을 긍휼히 여기지 않을 수 있겠느냐

　　　그들은 혹시 잊을지라도 나는 너를 잊지 않을 것이다

16절 보라 내가 너를 내 손바닥에 새겼다

　　　너의 성벽들이 항상 내 앞에 있느니라

　　포로상황에서 시온 백성들은 하나님께서 그들을 버렸고 또한 잊으셨다고 탄식하였다. 그러나 하나님께서는 수사의문문 형식의 놀라운 비유를 통해 그들의 생각을 완전히 바꿔놓으신다. 즉 어머니가 어떻게 젖 먹는 아이를 잊을 수 있으며, 자신의 태에서 난 아들을 긍휼히 여기지 않을 수 있겠냐는 것이다. 이 세상에서 가장 숭고하고도 강력한 사랑, 그리고 그 누구도 끊을 수 없는 연대(solidarity)를 꼽으라면, 단연코 갓난아이를 향한 어머니의 사랑일 것이다. 과연 누가 그녀의 사랑을 끊을 수 있을까? 누가 그 관계를 외면할 수 있을까? 그런데 하나님은 설령 그녀의 사랑이 끊어진다 할지라도 시온 백성을 향한 그분의 사랑과 신실하심은 결코 끊어지지 않을 것이라고 선언한다. 어머니와 자식의 관계는 혹시 깨어질 수 있을지 몰라도, 그분의 백성을 향한 하나님의 언약관계는 결코 끊어지지 않고 영원히 지속될 것이다. 그만큼 그분의 백성을 향한 하나님의 사랑은 지고하고도 온전한 사랑이다. 그분의 백성을 향한 하

나님의 언약 또한 끝까지 유효하다. 이 언약 안에서 하나님의 사랑과 신실하심은 갓난아기를 향한 어머니의 사랑보다 비교할 수 없이 진실되고 강력하다.

따라서 언약관계가 깨어지지 않았고(사40:1-11) 하나님의 인자하심과 신실하심 또한 변함없다(사49:14-16)는 선포는 시온 백성에게 크고 강력한 위로를 주기에 충분하였다. 하나님께서는 그분의 백성이 어디에 그리고 어떤 상황에 있건, 언약 안에 있는 그들을 찾아가셔서 그들을 돕고 구원하는 분이시다. 그렇기 때문에 그분께서는 과거 노년의 메마르고 무자하였던 아브라함과 사라를 찾아오셔서 그들을 거대한 민족으로 번성케 하셨으며, 감옥에 있던 요셉과 동행하시어 형통케 하셨다. 마찬가지로 지금도 하나님께서는 언약관계에 있는 그분의 백성, 곧 바벨론 포로로 있는 시온 백성을 찾아오시어 말씀하신다.

> "한 소리가 외치기를 광야에서 여호와의 길을 예비하라 사막에서 우리 하나님을 위하여 대로를 곧게 하라 모든 계곡은 일제히 돋우어지고 그리고 모든 산과 언덕들은 낮아지고 고르지 아니한 땅은 평탄하게 되고 그리고 험한 곳은 평지가 될 것이라 그리고 여호와의 영광이 나타나고 그리고 모든 육체가 그것을 함께 볼 것이라"
>
> (사40:3-5)

하나님께서는 크신 권능과 신실하심으로 그들을 찾아오셔서 그들을 포로 생활에서 구원하시고, 해방과 승리를 그들에게 허락하실 것을 선언하고 있다(사41:14; 43:11-12,14; 44:6). 또한 변함없는 언약관계에 근거해 그분의 백성을 위해 새출애굽과 구원을 성취하실 것이다(사43:11-20; 51:9-11). 그분께서는 포로 가운데 있던 그분의 백성을 자유케 하시고, 광야에 길을 내시어 그들이 지나도록 하시고, 그들이 고향 땅에 영광스런 새 나라를 건설하도록 도우실 것이다. 요컨대 하나님께서는 언약관계에 있는 자들에게 영원한 위로자가 되시고, 장차 그들을 새롭게 창조하실 것이다(사40:28; 43:15; 52:9; 62:1-5).

그런데 만약 그들이 언약관계 밖에 있다면 어떻게 될까? 그들은 과연 하나님께로 말미암는 위로를 누릴 수 있을까? 그렇지 않다. 언약관계 밖에 있는 자들에게는 심판이 기다리고 있을 뿐이다. 이런 맥락에서 하나님께서 여전히 그들에게 언약의 하나님이시라는 것과 그들이 여전히 그분의 언약 백성이라는 사실은 포로 가운데 있던 시온 백성에게 무엇과도 비교할 수 없는 큰 위로가 되었다.

(2) 시온의 구원

시온의 구원은 그들의 위로를 내포한다. 이사야 40-55장은 장차 하나님께서 그분의 백성을 위해 행하실 새로운 일, 즉 그들이 경험하게 될 새출애굽을 상세히 다룬다. 이사야 12장에서 과거의 출애굽 사건을 반영하며 등장한 구원 주제(새출애굽)는 이사야 40-55장에서 그 모티프를 상세하게 묘사하면서 더욱 구체적으로 발전한다. 버나드 앤더슨(B. Anderson)

은 이사야 40-55장에 묘사된 새출애굽 모티프를 다음과 같이 열 가지 항목으로 자세히 설명하였다.

① 40장 3-5절: 광야에 대로가 생김
② 41장 17-20절: 사막의 재생과 회복
③ 42장 14-16절: 여호와께서 백성을 인도하심
④ 43장 1-3절: 불과 물속을 통과함
⑤ 43장 14-21절: 광야에 길이 생김
⑥ 48장 20-21절: 바벨론에서의 새출애굽
⑦ 49장 8-12절: 약속의 땅으로 새롭게 들어감
⑧ 51장 9-10절: 바다에서의 새로운 승리
⑨ 52장 11-12절: 새출애굽
⑩ 55장 12-13절: 이스라엘이 기쁨과 즐거움 속에 나아감

새출애굽 모티프는 이사야 40-55장이 전하는 메시지의 시작과 끝을 각각 장식한다. 이 모티프는 포로 가운데 있던 시온 백성들이 장차 경험하게 될 회복과 운명의 변화, 즉 그들의 포괄적인 구원을 묘사한다. 하나님께서 시온 백성을 위해 성취하실 새출애굽은 포로 가운데 있던 그들이 위로를 경험하게 될 신학적·실존적 근거가 되었다.

특히 이사야 40장 1-2, 3-5, 9-11절에서 새출애굽 모티프가 상세히 다뤄지는데, 먼저 2절에서 노역의 때가 끝났다는 것은 그들의 바벨론 포로 기간이 끝나서 자유케 될 것을 예견한다. 3-5절에서는 하나님께서 백성

가운데로 나아오시는 모습이 그려지고, 9-11절에서는 하나님께서 왕과 목자, 용사로서 그들을 포로에서 해방시켜 예루살렘으로 안전하게 인도하시는 모습이 연상된다. 새출애굽과 관련한 이러한 메시지는 1절에서 시온 백성의 위로가 그들이 장차 경험하게 될 구원에 근거하고 있음을 잘 보여준다.

그렇다면 하나님께서 성취하실 구원에 담긴 구체적인 내용은 무엇인가? 그것은 크게 두 가지로 나타나는데, 하나는 포로에서 자유케 되는 것이고, 다른 하나는 죄가 사함을 받는 것이다. 이 두 가지는 구속 역사를 통해 하나님의 백성이 경험할 수 있는 가장 크고 놀라운 변화이기도 하다. 다시 말해, 여기서 언급된 시온의 두 가지 극적인 변화(포로에서의 자유와 죄사함)는 곧 하나님의 백성들이 경험하게 되는 구원의 두 가지 양상을 잘 보여준다고 하겠다.

먼저 첫 번째 시온의 극적인 변화로서 바벨론에서의 '노역이 끝날 것'이라는 선포는 시온 백성이 장차 바벨론 포로생활에서 자유케 되는 외적·물리적 구원을 함의한다. '노역의 때'에 해당하는 히브리어 '쯔바아(ṣebā'ah)'는 본래 '군대, 전쟁, 군 복역'을 의미하는데, 여기서는 '바벨론에 있는 유대인들의 힘겹고 열매 없는 고역'을 일컫는다.[18] 하나님께서는 시온 백성의 바벨론 포로생활이 곧 끝날 것이라고 선언하신다. 그들은 이제 포로에서 해방과 자유를 경험하고, 과거와는 다른 완전히 새로운 삶

---

18. Goldingay and Payne, *Isaiah 40-55 Vol 1, 70.*

을 시작할 것이다. 이것이 시온 백성에게는 더 없이 큰 위로가 된다. 리처드 미들턴(J. Richard Middleton)에 의하면, 구약성경에서 구원은 "역사적인 공동체가 실제적이고 구체적인 억압의 상황에서 놓임 받는 사회·정치적 자유 또는 구속"을 의미한다.[19] 동일한 맥락에서 엘머 말텐스(Elmer A. Martens)도 구약성경에서 "구원은 외적 세계에서 경험되는 고통과 재난이라는 힘든 삶의 실체로부터 구속받는 것을 의미한다."라고 강조하였다.[20] 이와 같은 관점에서 2c절의 시온 백성이 바벨론 포로에서 놓임 받을 것이라는 선포는 억압과 고통에서의 해방과 자유를 통해 경험되는 물리적·역사적 구원을 내포한다.[21]

이사야 40-55장에서 시온 백성의 물리적 구원은 특히 이사야 44장 28절-45장 7절에서 고레스 대왕(B.C. 580-529)이 그의 칙령과 함께 바벨론에서 그들을 자유케 할 때 성취된다(참조. 대하36:22-23; 스1:1-4). 고레스 대왕의 칙령으로 시온 백성은 예루살렘에 귀환하여 황폐하였던 시온 성을 새롭게 재건하였다. 그리고 이사야 49장은 예루살렘에 귀환한 백성들이 새로운 인구의 유입과 함께 인구가 증가하면서 과거 다윗 시대의 영광

---

19. J. Richard Middleton, *A New Heaven and a New Earth: Reclaiming Biblical Eschatology* (Grand Rapid: BakerAcademic, 2014), 80.
20. Elmer A. Martens, *God's Design: A Focus on Old Testament Theology* (Eugene: Wipf & Stock, 2015), 44; L. M. Morales, *Exodus Old and New: A Biblical Theology of Redemption* (Essential Studies in Biblical Theology Book 2) (Downers Grove: IVP Academic, 2020), 4.
21. B. Anderson, "Exodus Typology in Second Isaiah," in *Israel's Prophetic Heritage: Essays in Honor of James Muilenburg*, ed by B. Anderson & W. Harrelson (Harper & Brothers, 1962), 189.

과 특권을 회복하게 되는 장면을 생생하게 묘사한다(사49:19-23).

두 번째 시온의 극적인 변화로서 '죄 사함'은 영적·제의적 영역에서의 구원을 함의한다. 구약성경에서 이스라엘은 외적·물리적 구원뿐 아니라 영적·제의적 영역에서의 구원도 경험하였다. 모랄레스(L. M. Morlales)에 의하면, "이스라엘의 구원은 …… 예배를 통해 재경험되었다. 고대 이스라엘에서 경배(예배와 제사)는 제의적 출애굽이었다."[22] 이와 같은 영적·제의적 구원은 죄 용서를 이루는 제사 제도를 통해 성취되었는데, 이것은 궁극적으로 죽음에서 생명에 이르는 존재론적 회복을 의미했다.

이사야 40장 2d절의 '니르짜(nirṣā; 사함받았다)' 동사는 레위기 1장 4절, 7장 18절, 19장 7절, 22장 23, 25, 27절에 언급된 다양한 제사 제도와 피의 제사를 통한 백성의 죄 사함을 연상시킨다.[23] 과거 이스라엘 백성은 어린 양의 대속 죽음을 통해 죄 사함을 경험할 수 있었고, 궁극적으로 의로운 백성이 될 수 있었다. 이것은 이스라엘이 죄로 인한 하나님의 진노와 심판에서 구속받게 된 영적 구원을 의미한다. 그러므로 2d절에 언급된 시온 백성의 죄 사함은 이사야 49-53장에 기술된 메시아 종의 희생과 죽음이 시온 백성을 죄의 형벌에서 구속하고 의롭게 함으로써, 영적인 죽음과 저주 가운데 있던 그들에게 새로운 생명을 부여하는 존재론적 구원을 함의한다(사53:10-11).

---

22. Morales, *Exodus Old and New*, 95.
23. J. Alec Motyer, *The Prophecy of Isaiah: An Introduction & Commentary* (Downers Grove: IVP Academic, 1993), 299.

이런 맥락에서 "이스라엘은 (궁극적으로) 죄의 용서라는 축복을 통해 내적 구원을 경험하였다."[24]라고 할 수 있다. 또한 인간의 보편적 죽음과 고난, 절망, 상실이 죄악에 대한 심판에서 기인한다는 명제적 진리를 고려할 때, 제의적 차원에서의 구원, 즉 죄인이 죄를 사함 받는 사건은 시온 백성뿐 아니라 모든 인류에게 가장 심오하고도 큰 위로를 제공하는 요인이 된다.

정리하자면, 이사야서 정경의 흐름에서 이사야 40장 1-11절은 이사야 12장 1-6절에 언급된 시온의 구원을 더욱 구체적으로 발전시키는 역할을 감당한다. 특히 새출애굽 모티프에 근거해 시온 백성과 모든 인류가 경험할 두 가지 구원의 양상을 잘 보여준다. 즉 시온 백성은 바벨론 포로라는 물리적인 속박과 죽음으로부터 해방과 구원을 경험할 뿐 아니라, 존재론적·영적인 차원에서 죄의 무서운 권세로부터도 해방과 구원을 누리게 될 것이다. 구약성경에서 출애굽기가 전자의 물리적 구원을 보여준다면, 레위기는 후자의 영적·존재론적 구원을 보여준다. 이와 같이 각각 분리되었던 두 개의 구원 모델이 이사야 40-55장에서 하나로 통합되는 것이다. 즉 이사야서가 말하는 시온 백성의 구원은 외적인 어려움과 고통에서의 구원뿐 아니라 영적이고 존재론적인 구원을 동시에 포함하는 포괄적인 구원이다. 이런 맥락에서 새출애굽은 과거의 출애굽 사건과 달리, 영적·존재론적 구원을 더함으로써 더욱 발전되고 포

---

24. Martens, *God's Design*, 44.

괄적인 구원을 내포한다. 나아가 이러한 두 가지 변화는 가장 근본적이고도 심오한 변화에 근거한 하나님 나라 백성에게 주어지는 신령한 위로를 함의한다.[25]

(3) 하나님의 임재와 출현

하나님의 임재와 출현은 곧 성취될 시온의 위로를 담보한다. 고대 근동에서 일반적으로 도시는 아내로, 수호신은 남편으로, 그리고 거주민들은 그 부부의 자녀로 묘사되었다. 따라서 한 나라가 망하는 것은 아내가 남편과 자녀를 동시에 잃는 것을 의미했고, 그 결과 종종 그녀는 과부로 표현되곤 하였다(사47:8-9). 그런데 놀라운 점은 망한 나라의 도시를 과부로 표현한 것은 오로지 이스라엘의 주변 국가들에게만 적용되었을 뿐, 유다와 이스라엘의 수도인 예루살렘과 사마리아에는 적용되지 않았다는 것이다. 아마도 그 이유는 그들의 수호신인 하나님께서는 이스라엘의 하나님이실 뿐 아니라 온 세상의 창조자요 통치자이시기 때문이었을 것이다. 선지서의 신학에 따르면, 하나님께서는 결단코 죽으실 수 없는 신이며, 이스라엘과 유다의 멸망 또한 하나님의 죽음과 연관 지어 해석될 수 없는 사건들인 것이다.

---

25. 버나드 앤더슨은 출애굽과 달리 새출애굽 사건은 두 가지 면에서 신학적인 발전을 이룬다고 주장한다. 첫째는 죄 사함을 통한 구원론적 함의를 발전시키는 것이고, 둘째는 야웨의 구속이 열방까지 확장되는 종말론적 성취이다. Anderson, "Exodus Typology in Second Isaiah," 191, 194-95.

그렇다면 아내인 시온이 멸망하고 그 자녀들이 바벨론의 포로로 끌려갈 때, 온 세상의 창조주요 주권자이신 하나님께서는 과연 어디서 무엇을 하고 계셨단 말인가? 이 질문에 대해 이사야서와 선지서는 거룩하신 하나님께서는 유다의 죄악을 차마 지켜보지 못하셔서 스스로 그분의 얼굴을 가리고 그들을 떠나 계셨다고 말한다(사54:7-8; 64:7,12).[26] 그리고서 죄악으로 더럽혀진 그들을 잠시 포로 가운데 버리셨다고 말한다.

그런데 의미심장하게도 구원의 날에 하나님께서 다시 그들에게 나아오신다. 이사야 35장 3-4절에 의하면, 하나님께서 시온 백성에게 나아오셔서 그들의 원수를 무찌르시고, 두려움과 괴로움에 사로잡혀 있던 그들을 구원하실 것이다. 그때 슬픔과 탄식은 사라지고, 영영한 희락과 함께 그들은 신령한 위로를 경험하게 될 것이다(사35:8-10). 이사야 40장 1-11절은 이와 같은 하나님의 나아오심과 위로를 더욱 구체적으로 묘사한다. 가령, 3-5절에서 "광야에서 여호와의 길을 예배하라"는 음성이 발할 때, 골짜기는 돋우어지고, 산과 언덕은 낮아지며, 하나님께서 영광 가운데 나아오실 수 있는 대로가 만들어진다. 나아가 9-11절에서는 세 번의 "보라(hinnē)"라는 감탄사를 통해 시온 백성에게 그들에게 나아오시는 하나님을 바라볼 것을 강조한다. 하나님께서는 그들의 남편이자 아버지이실 뿐 아니라 그들의 구원자로서 그들에게 나아오실 것이다. 마지막

---

26. 고대 근동과 유다의 멸망, 남편 수호신의 죽음, 아내 도시의 상관관계와 차이점에 관한 내용은 아래에서 가져 왔음을 밝힌다. 김수정, "우리 어머니는 어디 있나요?: 이사야서와 에스겔서에 나타난 예루살렘과 그 구속에 관한 신학적 관점들," 『고엘, 교회에 말걸다: 공동체의 치유와 회복을 위한 성서적 모델』 (서울: 홍성사, 2017), 92.

으로 10-11절에서는 그들 가운데 임하신 하나님과 그분의 사역을 구체
적으로 나타낸다(10a-b절).

> 10절 보라 주 여호와께서 장차 강한 자로 임하실 것이요
> 친히 그의 팔로 다스리실 것이라
> 보라 상급이 그에게 있고 보응이 그의 앞에 있으며
> 11절 그는 목자 같이 양 떼를 먹이시며
> 어린 양을 그 팔로 모아 품에 안으시며
> 젖먹이는 암컷들을 온순히 인도하시리로다

10절에서 하나님께서는 '강한 자(bᵉḥāzāq)'로 시온에 임하시는데, 이는
과거 출애굽 때에 큰 권능으로 위대한 사역을 이루셨던 하나님을 연상시
킨다(출13:3,14,16; 암6:13). 첫 출애굽 때처럼 하나님께서는 힘의 상징인 '강
한 팔(zᵉrôʿô, 저로)'로 그분의 백성을 구원하고 다스리신다(신7:19; 11:2; 26:8;
왕상8:42). 즉 하나님께서는 첫 출애굽 때처럼 그분의 백성의 원수를 무찌
르신 후, 약속의 땅으로 그들을 인도하실 왕-전사로서 지금 시온 백성에
게로 나아오시는 것이다(사33:2; 59:15; 62:8; 참조, 출4:34).

다음으로 10-11절, 즉 "보라 상급이 그에게 있고 보응이 그의 앞에 있
으며 그는 목자 같이 양 떼를 먹이시며……"라는 구절은 전쟁에서 승리
한 후 백성에게 상급을 안겨주는 '왕-전사'의 이미지와 백성을 품에 앉
고 안전하게 인도하는 '왕-목자'의 이미지를 차례로 보여준다. 이는 하

나님께서 크신 힘과 권능으로 시온 백성의 대적을 무찌르시고 그들에게 풍성한 상급을 허락하시는 왕-전사이심을, 또한 고대 사회의 목자처럼 그분의 백성을 품에 안고 집으로 안전하게 인도하시는 왕-목자이심을 뜻한다. 이러한 왕-전사-목자로서 하나님의 이미지는 이사야 12장 6절에서 말하는 "이스라엘의 거룩하신 하나님"께서 과연 어떤 분이신지를 보다 구체적으로 묘사한다. 이는 또한 바벨론 포로 가운데 있던 시온 백성의 해방과 회복을 성취하실 뿐 아니라 그들을 위로하시는 분이 다름이 아니라 크고 강한 자로 그들 가운데 임재하신 하나님이시라는 점을 다시금 각인시킨다.[27]

구약성경에서 하나님의 크신 임재와 그 결과로서의 구원 약속은 스바냐 3장 14-17절에 상세하게 기술되어 있다.

"시온의 딸아 노래할지어다 이스라엘아 기쁘게 부를지어다 예루살렘 딸아 전심으로 기뻐하며 즐거워할지어다 여호와가 네 형벌을 제거하였고 네 원수를 쫓아냈으며 이스라엘 왕 여호와가 네 가운데 계시니 네가 다시는 화를 당할까 두려워하지 아니할 것이라 그 날에 사람이 예루살렘에 이르기를 두려워하지 말라 시온아 네 손을 늘어뜨리지 말라 **너의 하나님 여호와가 너의 가운데에 계시니 그는 구원을 베푸실 전능자이시라** 그가 너로 말미암아 기쁨을 이기지 못하시며 너를 잠잠히 사랑하시며 너로 말미암아 즐거이 부르며 기뻐하

27. Koole, *Isaiah III. Volume I/Isaiah 40-48*, 78.

시리라 하리라"

이 본문은 이사야서와 많은 언어를 공유한다(그날[12:1], 시온의 딸[1:8], 이 스라엘의 왕[6:5], 기쁨[12:3], 구원[12:2]). 그날에 시온 백성들은 과거의 형벌과 심판을 두려워하지 않고 전심으로 기뻐하며 즐거워할 것이다. 그때 그 들은 하나님의 구원으로 말미암아 과거의 수치를 잊고, 열방 가운데서 칭찬과 명성을 얻는 영광스런 백성으로 회복될 것이다(습3:19-20). 그들은 더 이상 두려움과 놀람으로 손을 늘어뜨리지 않고, 기쁨과 감사로 찬양 할 것이다. 그런데 이 모든 변화와 구원은 무엇에 기인하는 것일까? 그 것은 다름 아니라 그들 가운데 거하신 하나님의 임재와 권능이다. 이 본 문에서도 하나님께서 그들 가운데 구원을 베푸시는 전능자로 임재하신 다는 사실이 두 번이나 강조된다(15,17절). 하나님께서는 과거의 형벌과 심판이 아니라 충만한 기쁨과 사랑, 즐거움으로 그들의 구원을 이루시기 위해 그들 가운데 임재하신다. 그렇다. 무엇보다도 그분께서는 전능자요 창조자이시다. 그렇기 때문에 그들 가운데 임재하신 하나님께서는 그들 의 구원을 반드시 성취하실 것이고, 그들을 새롭게 창조하실 것이다. 이 와 같은 구원에 대한 견고한 확신이 그들에게 더 없이 큰 위로가 되었음 이 분명하다. 하지만 시온 백성의 원수들은 그때에 하나님의 무서운 심 판을 피하지 못할 것이다.

이사야 40-55장은 구약성경의 그 어떤 말씀보다 다양한 하나님의 이 미지들(왕, 용사, 목자, 돕는 자, 보호자, 구원자, 구속자, [새]창조자)을 보여준다. 바벨론 포로시기를 지나면서 시온 백성의 고난과 절망이 최고조에 달했던 만큼, 그들을 위로하시는 하나님의 표상들도 더욱 다양하고 풍부한 모습으로 발전된 것이다. 사실 당시 포로 가운데 있던 많은 백성들은 하나님께서 과연 바벨론의 신보다 뛰어나고, 참혹한 고통과 절망에서 그들을 구원하실 수 있을지를 의심하였다. 그때 선지자는 일상에서 만날 수 있는 다양한 표상들을 하나님께 연결시킴으로써 그들이 믿고 섬기는 창조자요 전능자이신 하나님의 권능과 지혜, 사랑, 거룩함을 극대화할 수 있었다. 이러한 신학적 작업으로 그는 백성들에게 하나님의 구원을 담보함과 동시에 그들의 위로를 구현할 수 있었다. 그러므로 하나님의 크신 임재와 출현은 고통과 절망 가운데 있던 시온 백성의 위로를 확증하는 놀라운 구속사적 사건이었다.

결론적으로, 문학적·신학적 관점에서 볼 때, 이사야 12장 1-6절이 위로의 씨앗과 그것의 신앙적인 발화를 다룬다면, 이사야 40장 1-11절은 포로상황을 배경으로 그 위로가 구현되는 데 필요한 세 가지 뚜렷한 요소를 확립한다고 하겠다. 그것은 곧 ① 하나님과의 언약관계, ② 하나님 구원, ③ 하나님의 임재와 출현이다. 물론 이 요소들은 많은 부분들에서 서로 겹친다. 그럼에도 불구하고 이 세 요소들은 위로를 성취하기 위해 각각의 고유한 역할을 수행하면서 유기적으로 함께 작동한다. 시온 백성 가운데 하나님의 임재와 출현이 없다면, 그들이 과연 하나님의 구원을 경험할 수 있을까? 마찬가지로 하나님과의 언약관계 밖에 있는 자들이나 그 언약을 거부하였다면 과연 하나님의 임재를 경험할 수 있을까? 결단코 그럴 수 없다. 그만큼 시온 백성의 위로가 성취되는 데는 하나님의 임재와 구원, 언약관계가 서로 본질적으로 연결되어 있으면서, 동시에 이 요소들은 각각 다른 요소들로 대체될 수 없는 고유한 역할들을 수행하고 있다. 이 요소들은 이사야서뿐만 아니라 다른 성경에서도 일관된 패턴을 형성하며 하나님의 백성들이 신령한 하나님의 위로를 경험하게 되는 주된 요인들로 계속 등장한다(사49장; 51장; 61:1-8; 습3:14-17). 즉 선지자와 이스라엘 백성들은 역사를 통해 경험한 하나님과의 언약관계, 하나님의 크신 임재, 하나님의 구원하심에 근거해 고통과 절망 속에서도 신령한 위로를 선포하고 구현할 수 있었다.

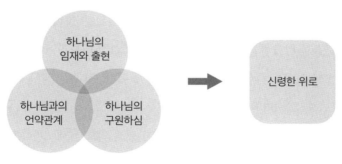

<표 2> 위로의 세 가지 요소들

4. 위로의 사역자들과 방편

　하나님께서 천상회의를 통해 시온을 위로하라고 명령하실 때, 포로상
태에 있던 그들 가운데서 실제로 위로를 구현할 위로자는 누구일까? 사
실상 1-2절에 기술된 하나님의 위로 선포는 다양한 위로자들과 위로의
방편들을 포함한다. 그렇다면 과연 그 위로자들은 누구일까? 그리고 그
들은 어떤 방편으로 백성 가운데서 위로를 구현할 수 있을까?

　먼저 위로자들이 누구인지 살펴보기 전에 1절("너희 여호와께서 이르시되
위로하라 위로하라 내 백성을.")에서 '나하무(nahᵃmu)'라는 히브리어 동사가 피
엘 명령형으로 반복해서 사용되는 것을 눈여겨볼 필요가 있다. 악푸노
누(Akpunonu)에 의하면, 이런 피엘형 동사의 반복은 "'아나디플로시스
(anadiplosis)'(강조를 위한 반복)로서, 시온 백성의 위로를 향한 하나님의 극
적인 긍휼과 긴급함을 강력하게 전달한다."[28] 사실 히브리어에서 피엘형
동사는 원 의미를 특히 강조할 때 사용하는 어간 형태이기 때문에, 여기
서 '위로하라'는 피엘 명령형 동사는 그 자체로 포로 가운데 있는 백성
을 반드시 위로하겠다는 하나님의 강력한 신적 의도를 내포한다고 하겠
다. 또한 지그문트 모빙켈(Sigmund Mowinckel)은 "이사야 40장 1-2절과 같
이 (서론으로) 프로그램화된 선포에서, 위로는 이사야 40-55장의 전체 메

---

28. P. D. Akpunonu, *The Overture of the Book of Consolations (Isaiah 40:1-11)* (New York: Peter Lang Publishing), 80-81.

시지를 간결하게 보여준다."[29]라고 적절하게 지적한다. 즉 이사야 40장 1-2절은 전체 이사야서의 메시지에서 그들을 향한 하나님의 심판과 두려움이 이제 용서와 구원으로 바뀐 새 시대가 도래하였음을 알리는 기능을 수행한다는 것이다.

한편 의미심장하게도 1절에 사용된 동사 '나하무(naḥᵃmu)'는 피엘 명령형일 뿐만 아니라 '남성 복수형태'를 띠고 있다. 따라서 이는 하나님의 위로 선포가 복수의 위로자들에게 주어진 명령임을 의미한다. 한 마디로 하나님께서는 그분의 백성을 향한 위로의 중요성과 긴급성을 여러 사명자들에게 부과하고 있는 것이라고 말할 수 있다. 그렇다면 이 복수의 위로자들은 누구일까? 과거에 학자들은 하나님께서 포로 가운데 있던 무명의 한 선지자와 그의 제자들에게 이 위로의 명령을 주셨다고 해석하였다. 반면에 근래의 학자들은 이 본문에 등장하는 위로자는 천상회의에서 하나님의 위로 명령을 들었던 하늘의 존재들, 즉 천사들과 선지자라고 해석한다.

하지만 이사야 40-66장의 내용을 면밀히 살피면 이 위로자들은 포로 가운데 있던 시온 백성에게 위로의 사역을 감당하였던 기름부음을 받은 메시아(고레스[사44:28-45:7]와 메시아 종[사49-53장])와 그들에게 위로의 말씀을 선포하였던 선포자들(사40:9-11; 52:7-10; 61:1-11)을 지칭하고 있음을 알 수 있다. 왜냐하면 이사야 40-66장의 메시지에서, 이들이야말로 하나님

---

29. Mowinckel, "Die Kompositiondes Deuterojesajanschen Buches," 88; Akpunonu, *The Overture of the Book of Consolations*, 80.

의 위로 명령을 듣고 고난과 절망 가운데 있던 백성들에게 위로의 말씀을 선포함은 물론 그들의 회복 사역을 감당한 장본인들이기 때문이다.

그러면 이들은 어떤 방편으로 위로자의 사역을 성취할까? 그것은 크게 두 가지로 나타나는데, 첫째는 말씀 선포를 통해 포로의 고통과 슬픔 가운데 있던 백성들을 위로하는 것이다. 하나님께서는 1절에서 '위로하라'고 명령하신 후, 2절에서 위로의 방편으로서 "너희는 예루살렘의 마음에 닿도록 말하며 그것에게 외치라"고 명령하신다. 즉 위로가 구현되는 데 위로의 말씀 선포가 그만큼 중요하다는 것이다. 여기서 특히 눈여겨보아야 할 구절은 성경해석의 역사에서 다양한 방식으로 번역되었던 "마음에 닿도록 말하며"라는 문구이다. 개역한글번역은 이를 "너희는 **정다이** 예루살렘에 말하며 그것에게 외쳐 고하라"로, 공동번역은 "예루살렘 시민에게 **다정스레** 일러라"로 번역한다. 반면에 NIV는 "너희는 예루살렘에게 **부드럽게**(tenderly) 말하고, 그녀에게 선포하라"로, NRSV는 "너희는 예루살렘에게 **친절하게**(kindly) 말하고, 그녀에게 선포하라"로 번역한다.

이와 같은 다양한 번역은 히브리어 어구 '알-렙(al-lēb)'에 관한 해석상의 애매함에서 기인한다. 이 문구의 히브리어를 살피면, **알**(al)은 전치사로 '위'를 뜻하고, **렙**(lēb)은 '마음'을 뜻한다. 따라서 이 문구의 문자적 해석은 '마음 위'가 되며, 그럴 경우 이 구절의 해석은 '너희는 예루살렘의 마음 위에 말하고, 그녀에게 외치라'가 된다. 여기서 '마음 위에 말하라'는 문구는 1절의 '위로하라'는 명령어와 연결되어 위로를 진척시키고 구

현하는 말하기의 방식으로서 '친절하게, 부드럽게, 또는 마음에 닿도록'
등 다양한 해석을 낳을 수 있다. 하지만 우리가 간과하지 말아야 할 사
실은 사람이 아무리 '친절하게' 말하고 다양한 방식으로 위로의 말을 전
한다 할지라도, 극심한 고통과 슬픔 가운데 있는 이의 '마음 위'에 직접
적으로 위로의 말을 전하는 것은 불가능하다는 것이다. 왜냐하면 엄밀
한 의미에서 '마음 위'에 또는 '영혼 위'에 말을 전달하고 고통 가운데 있
는 자를 위로하는 것은 인간의 영역을 초월하는 신적인 행위이기 때문
이다.

그러면 '마음 위에 말하다'라는 구절의 진정한 의미는 무엇일까? 구
약성경의 증언에 의하면, 마음이란 한 사람이 감정, 계획, 의지를 주관하
는 가장 중요한 기관이고, 궁극적으로 그/그녀의 의사를 결정하는 핵심
기관이다. 이런 의미에서 신명기에서 모세는 이스라엘 백성을 향하여
육체의 할례보다 마음의 할례를 강조하였다.

> "이스라엘아 네 하나님 여호와께서 네게 요구하시는 것이 무엇이냐
> 곧 네 하나님 여호와를 경외하여 그의 모든 도를 행하고 그를 사랑
> 하며 마음을 다하고 뜻을 다하여 네 하나님 여호와를 섬기고 내가
> 오늘 네 행복을 위하여 네게 명하는 여호와의 명령과 규례를 지킬
> 것 아니냐 …… 그러므로 너희는 마음에 할례를 행하고 다시는 목을
> 곧게 하지 말라"(신10:12-16)

육체의 할례만 받았던 이스라엘 백성들은 유혹과 환란이 찾아올 때, 하나님의 약속과 말씀을 부인하고 하나님과 지도자 모세를 대적하였다 (민13-14; 25). 따라서 모세는 백성들에게 마음의 할례를 받음으로써 어떤 상황에서도 하나님의 도를 행하고 그분을 경외하고 사랑하며 진심으로 섬길 것을 명령하였다. 그것이 그들에게 진정한 행복과 풍성한 생명을 얻게 하는 방편이 되기 때문이다(신30:6). 그렇다면 이런 마음의 할례와 영혼의 변화는 어떤 계기를 통해 일어나게 되는가? 그것은 하나님의 영 (Spirit)의 임재를 경험할 때 일어난다. 에스겔 선지자는 포로 가운데 있던 이스라엘 백성들이 경험할 마음의 변화를 다음과 같이 설명한다.

"내가 그들에게 한 마음을 주고 그 속에 새 영을 주며 그 몸에서 돌 같은 마음을 제거하고 살처럼 부드러운 마음을 주어 내 율례를 따르 며 내 규례를 지켜 행하게 하리니 그들은 내 백성이 되고 나는 그들 의 하나님이 되리라"(겔11:19)

비록 이 구절에서 마음의 할례를 명시적으로 언급하지는 않지만, 시온 백성들이 회복의 때에 경험하게 될 마음의 할례와 영적 변화를 잘 설명한다. 그때에 죽었던 이스라엘은 다시 살아나게 될 것이다(겔37장). 그런데 이런 창조적 회복을 결정짓는 계기는 다름 아니라 하나님의 영이 백성들에게 임하시어 그들이 마음의 수술을 받아 돌 같은 마음대신 부드러운 마음을 획득하는 것에 있다. 그럼으로써 그들은 하나님의 율례를 지켜 행하고 참된 언약 백성이 될 것이다. 이런 놀라운 마음의 변화, 즉 영혼의 새창조는 하나님의 영의 임재를 통해 그들 가운데 성취되는 것이다. 이 놀라운 사건에 관해 에스겔은 다시 이렇게 설명한다.

"내가 너희를 여러 나라 가운데에서 인도하여 내고 여러 민족 가운데에서 모아 데리고 고국 땅에 들어가서 …… 또 **새 영**을 너희 속에 두고 **새 마음**을 너희에게 주되 너희 육신에서 굳은 마음을 제거하고 부드러운 마음을 줄 것이며 또 **내 영**을 너희 속에 두어 너희로 내 율례를 행하게 하리니 너희가 내 규례를 지켜 행할지라"(겔36:24-27)

회복의 때에 이스라엘 백성들은 놀라운 내면적 변화를 경험하게 될 것이다. 그것은 하나님께서 그분의 영을 그들에게 부어 주셔서 그들이 부드러운 마음, 즉 새 마음과 새 영을 이식 받게 될 때 성취된다. 창조의 영이신 하나님의 영이 백성들의 마음을 만질 때, 딱딱하게 굳어있던 그들의 마음이 새롭게 창조되는 것이다. 따라서 육체의 할례는 외적인 의식에 지나지 않지만, 마음의 할례는 진정한 내면적 '변화'와 '거듭남'을 강조할 뿐 아니라 나아가 하나님과 그분의 말씀을 향한 변함없는 헌신과 순종까지 담보한다. 신약성경도 로마서 2장 29절에서 마음의 할례에 관해 다음과 같이 말한다.

"오직 이면적 유대인이 유대인이며 할례는 마음에 할지니 영(by the

Spirit)에 있고 율법 조문에 있지 아니한 것이라 그 칭찬이 사람에게
서가 아니요 다만 하나님에게서니라"

NIV, NASB, ESV 성경은 이 구절에 나타난 '영'을 성령님을 의미하는
대문자 Spirit으로 번역한다. 즉 바울은 내적 변화를 성령님의 사역과 연
결시키는 것이다. 또한 그는 마음의 할례를 받은 자들이 참 유대인이라
고 말한다. 이런 맥락에서 마음의 진정한 변화와 회복, 그리고 그 결과로
일어나는 진정한 순종과 헌신, 새 창조는 마음에 직접적인 영향을 끼칠
수 있는 하나님의 영(Yahweh's Spirit)에 의해서만 가능하다.

그러므로 이사야 40장 2절에서 "예루살렘의 마음 위에 위로의 말씀
을 전하는 것"이라고 말할 때, 이는 하나님의 영의 사역을 내포하는 것
임을 확인할 수 있다. 즉 하나님의 영이 말씀의 선포자와 백성에게 임하
실 때, 그 선포된 말씀이 고통과 절망 가운데 있는 백성들의 마음 위에
전달되고, 그러면 그것이 그들의 마음과 영혼을 회복하고 위로하는 새
창조의 역사를 일으키게 되는 것이다. 4장에서 더 심도 있게 다루겠지
만, 하나님의 영에 의한 이와 같은 놀라운 말씀의 선포와 위로의 성취는
이사야 61장 1-3절에 상세하게 묘사된 하나님의 종의 선포에서 성취된
다. 즉 하나님의 영이 그분의 종에게 임하실 때, 그가 선포한 말씀이 고
난 가운데 있는 백성들의 마음 위에 임하게 되고, 그때 그들은 마음의 변
화와 함께 신령한 위로를 구현하게 되는 것이다. 왜냐하면 하나님의 영
이 임하신 종은 창조자이신 하나님의 신적 대리자로서 말씀을 선포하

게 되며, 그 말씀은 단순히 인간의 언어가 아니라 각 사람의 마음과 공동체를 새롭게 창조하는 새 창조의 언어로서 작동되기 때문이다. 따라서 참된 위로자는 하나님의 영이 임하신 사역자를 지칭한다. 그/그녀가 애통과 절망 가운데 있는 백성에게 하나님의 말씀을 선포할 때, 그 말씀이 그들의 마음과 영에 심겨져 그들 가운데 신령한 위로를 구현하게 되는 것이다.

이사야 40-55장에서 선지자는 포로 가운데 있던 시온 백성들을 향해 위로의 말들을 선포하는데, 그것은 크게 다음과 같이 네 가지로 나뉜다.

- 두려워 말라 놀라지 말라: 41:10,11,13,14; 43:1,5; 44:2; 51:7; 54:4
- 도와주고 기억하고 붙들리라: 41:10,13,14; 44:2,21; 49:8,14-15;
  50:7,9
- 부끄러움과 해를 당하지 않으리라: 43:2; 45:17; 49:23; 54:4
- 원수들이 사라지리라: 41:12; 46:1-2; 47:1-11

위의 네 가지 종류의 말들은 바벨론 포로의 고통 가운데 있던 백성들의 마음을 어루만지고 새롭게 하는 위로의 언설들이었음에 틀림없다. 즉 하나님의 영이 임하신 선지자가 이와 같은 하나님의 도우심과 그들의 회복에 관한 말들을 선포했을 때, 그것은 지치고 절망 가운데 있던 그들의 삶을 붙들어주는 놀라운 위로의 방편이 되었다. 그들은 그 말들을 들으며 두려움과 놀람, 절망을 극복하고 마음의 변화와 함께 위로 가운데서 삶의 안정감과 새 힘을 되찾았다.

위로자들이 행한 두 번째 위로의 방편은 그들의 고유한 구원 사역들이다. 즉 위로자는 구원 사역을 통해 포로 가운데 있던 시온 백성을 위로할 수 있었다. 앞에서 우리는 시온 백성들이 그들의 구원을 통해 위로를 경험하게 된다는 점을 다루었다. 그런데 사실 그들의 구원은 이사야 40-55장에 등장하는 두 명의 기름부음을 받은 메시아를 통해서 성취된다. 한 명은 고레스 대왕이다. 그는 세계 역사 속에서 페르시아에 있던 유대인들에게 자유를 선포함으로써 그들의 위로를 성취하였다(사44:28-45:7; 대하36:22-23). 다른 한 명은 메시아 종이다(사48:16; 49-53장). 그는 자신의 대속 희생과 죽음을 통해 시온 백성들의 죄를 사하고 그들을 의롭게 함으로써 그들 가운데서 신령한 위로를 성취하였다. 이 메시아 종이 하나님의 백성을 위해 자신의 생명을 내어주고 그들의 죄를 단번에 사할 때, 그들은 죄악의 권세에서 놓임 받을 뿐 아니라 새 생명과 의를 부여받을 수 있었다. 이는 시온 백성들에게 가장 근본적이고도 심대한 위로가 성취되었음을 함의한다.

결론적으로 이사야 40장 1-11절은 천상회의를 통해 포로 가운데 있던 시온 백성을 위로하기 원하셨던 하나님의 긴급한 위로 선포를 다룬다. 이 본문은 이사야 40-66장의 서론으로서 시온 백성의 위로가 구현되는 데 필요한 세 가지 근본 요소들을 제시한다. 바벨론 포로라는 고통과 절망 가운데 있던 시온 백성을 위로한 요소들은 그들의 외적인 요소들이 아니라 하나님과 맺고 있던 그들의 신학적·내적 요소들에 기인한다. 곧 하나님과의 언약 관계, 하나님의 임재, 그리고 하나님의 구원 사역이다. 이러한 위로의 세 가지 요소들은 이사야서에서 지속적으로 발전하면서 더욱 구체적으로 확립된다(사12:1-6; 40:1-11; 49:14-26; 51:1-16; 61-62장; 66:7-14).

한편 이사야 40장 1-11절은 위로의 근거가 되는 하나님의 구원 사건을 더욱 구체적으로 제시하는 역할을 수행하기도 한다. 하나님의 구원은 외적인·물리적 고난과 억압에서의 해방만이 아니라 인간의 가장 근본적이고도 존재론적인 문제, 즉 죄의 속박과 죽음에서의 자유를 동시에 내포한다. 이것은 인간이 경험할 수 있는 가장 극적이고 근본적인 해방과 자유, 그리고 구원이다. 따라서 시온 백성들이 경험한 이러한 존재론적 구원은 모든 인류에게 주는 가장 심오하고도 놀라운 위로일 뿐만 아니라, 기독교 복음이 전하는 위로의 유일성과 심대함을 보여준다.

일반적인 사람들만이 아니라 하나님을 믿는 성도들도 마치 바벨론 포로의 상황과 같은 고난과 절망의 시기를 지날 수 있다. 하지만 성령님의 내적 조명을 통해 하나님과의 언약관계, 하나님의 권능 있는 임재, 그리고 하나님의 크신 구원하심을 확신하는 사람은 어떠한 고난과 시련 속에서도 신령하고 견고한 위로를 경험할 수 있다. 특히 하나님께서는 크신 권능으로 그분의 백성을 돕고 구원하셔서, 그들을 다양한 삶의 문제에서 회복하고 위로를 경험하도록 인도하신다. 따라서 비록 고난과 절망의 상황에 있더라도, 성도가 성령님의 조명 가운데 하나님의 구원과 회복을 확신한다면, 그는 깊은 위로를 경험할 수 있을 것이다. 한 걸음 더 나아가, 하나님께서는 물리적·현실적인 삶의 고통과 괴로움으로부터 성도의 구원을 약속하실 뿐 아니라, 죄악의 비참함과 죽음의 저주로부터의 해방과 영원한 생명까지 담보하신다. 이는 곧 존재론적인 절망과 비참함에서의 구원을 의미한다. 따라서 현실의 삶이 주는 고통과 절망에서뿐 아니라 영적이고 존재론적인 비참함과 절망에서의 구원을 확신할 때, 성도는 세상이 알 수 없는 신령하고도 초월적인 위로를 누리며 찬송 가운데 신앙의 여정을 걸어갈 수 있을 것이다.

<토의문제>

1. 이사야 40장에서 시온 백성들은 어떤 시대적 상황에서 하나님의 위로를 약속받았는가?

2. 이사야 40장에서 하나님께서는 어떤 세 가지 요소를 통해 그분의 백성을 위로하시는가?

3. 하나님께서 그분의 백성을 위로하실 때 주로 사용하시는 위로의 방편은 무엇인가?

4. 하나님께서는 물리적인 구원과 영적인 구원으로 그분의 백성을 위로하시는데, 나의 신앙 여정에서 물리적인 구원이나 영적인 구원(죄사함)을 통해 큰 위로를 경험한 적이 있는가? 그렇다면 함께 나누어보자.

5. 살면서 바벨론 포로와 같은 상황에 놓인 듯한 어려움과 고통을 겪은 적이 있는가? 그리고 그런 어려움과 고난에서 위로를 경험한 적이 있는가? 그렇다면 그것은 어떤 위로였는가? 그리스도인은 그런 상황들에서 어떤 위로를 경험할 수 있을까?

3장

메시아의 사역과 위로
: 대속 죽음, 죄사함, 그리고 위로

(이사야 52:13-53:12)

이 장에서는 메시아의 대속 사역과 시온의 위로를 다루고자 한다. 이사야 53장은 전체 성경에서 가장 심오하고도 아름다운 복음의 메시지를 담고 있다. 전체 성경을 통틀어 이사야 53장만큼 인간의 죄를 사하는 메시아의 대속 희생과 죽음, 그리고 십자가의 능력을 명료하게 전달하는 본문은 없기 때문이다. 신약성경의 저자들은 이사야 53장에 등장하는 하나님의 종인 메시아의 고난, 죽음, 그리고 높아짐을 배경으로 예수 그리스도의 생애와 십자가의 사건을 해석하고 기술하였다. 특히 그중에서도 네 번째 종의 노래(사52:13-53:12)는 신약성경에서 예수 그리스도의 고난, 죽음, 부활, 그리고 높아지심과 관련한 거의 모든 말씀의 배경에 서 있다.[1]

그런데 동시에 성경해석의 역사에서 이사야 53장만큼 해석상에 많은 어려움을 자아낸 본문도 없다. 왜냐하면 이 본문에 등장하는 인물이나 내용과 관련하여 다양한 질문들이 야기되기 때문인데, 대표적으로 이사야 53장에 기술된 종이 누구를 지칭하는가에 대한 문제는 많은 해석자들을 혼란스럽게 하였다. 이 종은 이스라엘 공동체를 상징적으로 보여주는 인물인가, 또는 이스라엘의 역사에 실재했던 한 인물인가, 아니면 제3의 다른 인물인가? 크리스토퍼 노스(C.R. North)는 대략 15명의 역사적 인물들(이사야, 웃시야, 히스기야, 요시야, 예레미야, 에스겔, 욥, 모세, 여호야긴, 고레스, 세스바살, 스룹바벨, 메술람, 느헤미야, 엘르아살)이 이사야 40-55장에 묘사된 종에 대한 지칭대상으로 제안할 수 있다고 주장하였다.[2] 이에 더하여 와츠(J. D. W. Watts)는 다리오 왕을 이사야 53장 7-9, 12절의 종과 화자라고 주장함으로써, 이 본문의 해석을 더욱 혼란스럽

1. Richard M. Davidson, "Isaiah 53, Substitution, and the Covenant Curses - Part 1" (2009) *Andrews University Faculty Publications*, 1907. 아래의 링크를 참조하라. https://digitalcommons.andrews.edu/pubs/1907.

2. C. R. North, *The Suffering Servant in Deutero-Isaiah: An Historical-Critical Study* (London: Oxford University Press, 1948), 192; 김진규, "역사적 문법적 해석의 한계 극복하기: 이사야 53장을 시험 사례로," 「성경과 신학」 76 (2015), 20.

게 만들었다.[3]

그 외에도 이 종이 감당한 희생과 죽음이 어떤 결과를 창출하였는가 하는 문제도 또 다른 해석상의 어려움을 자아냈다. 이 종의 고난은 이스라엘 백성들이 역사 속에서 경험하였던 민족적 고난의 상징인가? 또는 당시 시온 백성의 죄를 사하는 대속적 고난인가? 아니면 모든 인류의 죄를 사하기 위한 그리스도의 대속적 죽음을 미리 예견하는 것인가? 학자들은 이와 같은 다양한 해석학적 문제들 때문에 이사야 53장과 오랫동안 씨름하였다.[4]

이사야 52장 13절-53장 12절에 등장하는 종의 정체나 사역을 해석할 때, 우리는 이 본문이 의도적인 애매모호함(intentional ambiguity)을 지니고 있다는 점에 주의할 필요가 있다. 왜냐하면 그런 불명확성이 이 본문을 올바르게 해석하는 데 중요한 열쇠가 되기 때문이다. 안토니 씨슬톤(Anthony T. Thiselton)에 의하면, 시의 다양하고도 애매모호한 상징과 은유들은 '이중-의미-효과'를 창출함으로써 초인식적 차원(supra-cognitive level)에서 '의미의 초과분(surplus of meaning)'을 자아내고, 궁극적으로 어떤 본문의 역사적·문학적 제약이나 한계를 초월하여 심오한 의미를 생산하도록 이끈다.[5] 물론 은유와 상징의 이와 같은 특성은 이사야 52장 13절-53장 12절과 같은 예언적 시에도 적용된다.[6] 다시 말해, 독자는 성급하게 이사야 53장의 종을 당시 역사적 인

---

3. J. D. W. Watts, *Isaiah 34-66*. WBC 25 (Waco: Word, 1987), 227; 김진규, "역사적 문법적 해석의 한계 극복하기," 20.

4. William H. Bellinger Jr. William R. Farmer, *Jesus and the Suffering Servant: Isaiah 53 and Christian Origins* (Harrisburg, PA: Trinity Press International, 1998).

5. Anthony T. Thiselton, "'Behind' and 'In Front of' the Text: Language, Reference, and Indeterminacy," In *After Pentecost: Language and Biblical Interpretation*, ed. Craig Bartholomew, Colin Greene, and Karl Möller (Grand Rapids: Zondervan Publishing House, 2001), 114; 곽철호, "이사야 53장과 같은 시적, 예언적 본문의 해석에 있어 시학에 근거한 문학적-해석학적 접근," 「성침논단」 8 (2011), 17.

6. 곽철호, "이사야 53장과 같은 시적, 예언적 본문의 해석에 있어 시학에 근거한 문학적-해석학

물이나 대상에 연결시킴으로써, 이 시의 특성을 간과하는 실수를 범하지 않도록 해야 한다는 것이다. 오히려 역사적·문학적 차원에서 이사야 52장 13절-53장 12절의 종을 해석하려는 시도와 함께, 전체 성경의 구속사적 차원에서 이 종의 사역과 그것의 의미를 해석하려는 진지한 노력이 필요하다. 이런 맥락에서 우리는 이 본문에 등장하는 종과 그의 대속적 희생과 죽음을 역사적·문학적 차원에서뿐 아니라 그것을 뛰어넘어 구속사적 차원에서 인류의 죄를 사하는 그리스도의 생애와 십자가 사건을 모형적으로 보여주는 구속사건으로 이해하고자 한다. 그리고 그런 차원에서 이 종을 인간의 죄를 사하는 메시아로 해석한다.

그렇다면 이사야 52장 13절-53장 12절이 말하는 메시아의 대속 사역은 시온 백성의 위로와 어떤 연관성을 가질까? 사실 이 본문에는 위로라는 단어가 등장하지 않는다. 하지만 이 본문에서 메시아는 묵묵히 그리고 자원하여 시온 백성의 죄를 대속하는 사역을 수행하고, 그것을 통해 그들이 궁극적인 위로를 얻는 데 결정적인 역할을 감당한다. 이사야 40장 1-2절에서 하나님께서 포로 가운데 있던 그분의 백성에게 위로를 선포하실 때, 그것은 그들의 죄 사함을 통한 위로였다. 그런데 그 위로가 지금 이사야 52장 13절-53장 12절에서 메시아의 구속 사역을 통해 성취되는 것이다. 곧 그들이 짊어지고 있던 무거운 죄악의 짐이 메시아에 의해 벗겨지는 것이다. 그래서 이 장에서는 이사야 52장 13절-53장 12절이 기술하는 이 중요한 주제(메시아의 구속 사역과 위로)를 구속자(고엘([goʻl]))의 신학을 토대로 살피고자 한다.

적 접근," 17-18.

1. 이사야 52:13-53:12의 정황, 구조, 그리고 내용

전체 이사야서에서 이사야 52장 13절-53장 12절은 하나의 결정적인 분기점을 이룬다. 이사야 1-39장은 범죄한 시온을 향한 하나님의 심판을 예견했고, 그 심판이 이사야 40-55장에서 시온 백성들이 바벨론 포로에 놓이게 됨으로써 성취되었다. 그런데 의미심장하게도 하나님께서는 포로 가운데 있던 그분의 백성을 방관하며 내버려두지 않으시고, 그들을 다시 구원하고 영광스럽게 하실 것이라고 거듭 말씀하셨다(사40:1-11, 41:8-20; 43:1-7; 44:1-5; 45:1-8; 49-55장). 역사를 통해 바벨론 포로의 문제는 페르시아 제국의 고레스 대왕(Empior Cyrus II)이 선정을 펼쳐 이스라엘 백성을 바벨론 포로에서 자유케 할 때 해결되었다(주전 538/7). 그렇다면 시온 백성의 근본적인 문제, 즉 그들을 바벨론 포로에 놓이게 만들었던 죄악의 문제와 그것으로부터의 구원은 어디에서 누구를 통해 성취되는 것일까?

이사야 40-52장은 주로 시온의 영광스런 구원과 위로에 대한 예기(anticipation)로 가득 차 있다. 반면, 이사야 54-66장은 그들이 경험하게 될 찬란한 구원과 영광의 성취를 보여준다. 그리고 시온의 구원과 회복에 관한 '예기'가 '성취'로 전환되는 결정적 변화가 일어나는 곳이 이사야 52장 13절-53장 12절이다.[7] 여기서 시온 백성들은 하나님께서 택하신

---

7. 마이클 모랄레스, 『출애굽 성경신학:구약과 신약의 출애굽』, 윤석인 역 (서울: 부흥과 개혁사, 2021), 236.

메시아의 대속 사역을 통해 그들의 근본적인 문제였던 죄의 사함, 근본적인 존재의 변화, 그리고 구원을 경험하게 된다.

이사야 52장 13절-53장 12절은 다음과 같이 다섯 개의 단락이 정교하게 대칭되는 카이아스틱 구조(chiastic structure)를 이루면서 전체적인 일관성을 갖는 통일된 메시지를 전달한다.

A 메시아의 형통, 높아짐, 존귀함(52:13-15)
  B 메시아의 고난과 간고(53:1-3)
    C 메시아가 감당한 고난의 이유와 결과–백성의 죄악과 형벌을
                                          대신 짊어짐(53:4-9)
  B′ 메시아의 고난과 죽음은 하나님의 기쁘신 뜻을 성취함(53:10-11a절)
A′ 메시아의 높아짐과 시온의 회복(53:11b-12절)

이 구조는 이사야 52장 13절-53장 12절의 전체 메시지가 메시아의 높아짐과 존귀함으로 시작되고 결론 맺는다는 것을 보여준다(A, A′). 또한 메시아가 자신의 죄악과 허물이 아니라 시온 백성의 죄악과 허물 때문에 대속의 형벌을 받는다는 사실이 이 본문의 핵심을 이룬다는 것을 알려준다(C). 시온 백성들은 당시 일반적인 통념을 따라 메시아가 그의 죄악과 허물 때문에 하나님께 형벌과 징벌을 받는 것이라고 여겼다(B). 하지만 메시아의 고통과 죽음은 하나님께서 의도하신 것이었고, 궁극적으로 하나님의 기쁘신 뜻, 즉 많은 백성의 죄를 사하고 그들을 의롭게 하는

구원을 성취하는 사건이었다(B'). 메시아가 그의 생명을 속죄 제물로 드림으로써 범죄한 백성들은 그들이 저지른 죄악의 값을 지불할 수 있었고, 따라서 무서운 심판의 형벌과 죽음으로부터 해방될 수 있었다.

2. 메시아의 대속 사역

메시아가 감당한 대속 사역을 조금 더 깊이 살펴보자. 메시아가 담당한 고난과 죽음의 본질은 그가 범죄한 시온 백성들의 형벌과 죽음을 대신 짊어졌다는 것에 있다. 리차드 데이비슨(Richard M. Davidson)은 이사야 53장이 대속(substitutionary atonement)에 관한 성경적 교리의 핵심 요소들을 골고루 갖추고 있다고 주장하였다. 곧 ① 종은 죄가 없고 의롭다(7,9,11절), ② 종은 다른 이들의 허물과 범죄에 대한 형벌을 대신 짊어진다(4-6, 8, 11-12절), ③ 종은 모든 이의 무제한적인 속죄를 위해 고통 받고 죽었다(6,12절, 참조. 사52:12), ④ 하나님께서는 종에게 죄의 형벌을 지우시고 궁극적으로 심판받게 하셨다(6,10절), ⑤ 종은 기꺼이 그리고 자원하여 고통을 당하였다(4,12절), ⑥ 종은 죄를 속죄하기 위해 속건제물이 되었다(10절; 참조. 레5-7장), ⑦ 종의 고난과 죽음은 우리에게 평화, 치유, 그리고 의로움을 가져왔다(5,11절)는 것이다.[8] 이와 같은 데이비슨의 분석은 이사야 52장

---

8. Richard M. Davidson, "Isaiah 53, Substitution, and the Covenant Curses - Part 1" (2009) *Andrews University Faculty Publications*, 1907. 아래의 링크를 참조하라. https://

13절-53장 12절의 내용을 잘 요약할 뿐 아니라 메시아가 감당한 대속 사역의 신학적 본질과 특성을 적절히 밝혀준다.

여기서는 메시아의 대속 사역을 심도 있게 해석하기 위해 이사야 52장 13절-53장 12절을 중심으로 위의 ②번, ③번, ⑥번, 그리고 ⑦번 항목을 조금 더 상세히 살피도록 하겠다.

첫째로 메시아는 다른 이들의 허물과 범죄에 대한 심판의 형벌을 대신 짊어지셨다. 당시 시온 백성들은 고집 세고 앞을 보지 못하는 양과 같아서 그릇 행하며 죄악과 강포를 행하였다(7,9절; 사1-39장). 그 결과 그들은 바벨론 포로 가운데서 죄악과 심판의 짐을 짊어진 채 질고와 슬픔을 당하였다. 그들의 남편이자 보호자 되시는 하나님의 특별한 도움의 손길이 없다면, 그들은 죄악의 형벌로 짐 지워진 포로 생활의 곤욕과 그 삶의 불안, 절망, 슬픔, 그리고 궁극적인 사망에서 결코 해방될 수 없는 절망적인 운명에 처해 있었다. 그때 이사야 52장 13절-53장 12절의 말씀이 그들에게 놀라운 소망과 구원의 메시지를 전한다. 그것은 메시아가 그들을 대신해 하나님께서 내리신 심판과 죽음의 형벌을 담당하고 죽음을 맞이한다는 말씀이다.

---

digitalcommons.andrews.edu/pubs/1907. 이사야 52장 13절-53장 12절에 나타난 종의 대속 사역에 관하여는 아래의 자료들을 참조하라. KeySang Ha, "Cultic Allusions in the Suffering Servant Poem (Isaiah 52:13–53:12)," (Ph.D. dissertation, Andrews University, 2009); Steve Jeffery, Michael Ovey, and Andrew Sach, *Pierced for Our Transgressions: Rediscovering the Glory of Penal Substitution* (Wheaton, ILL: Corssway, 2007); F. Duane Lindsey, *The Servant Songs: A Study in Isaiah* (Chicago: Moody, 1985).

사실 당시 많은 사람들은 일반적인 신학적 통념에 따라 메시아가 징벌과 고난을 당한 것이 하나님을 향한 그의 죗값 때문이라고 생각했다(사 53:4). 그러나 메시아는 죄가 없는 분이고, 자신의 죗값을 치르기 위해 고통과 죽음을 당할 어떤 이유도 없는 분이다. 그는 오직 자신의 죄악이 아니라 포로 가운데 있던 하나님 백성의 죄악 때문에 형벌과 징계를 당한 것이고, 궁극적으로는 그들의 죄악을 향한 하나님의 진노를 만족시키기 위해 극심한 상함과 채찍, 고통을 당한 것이다. 그래서 이사야 53장은 메시아의 고난과 징벌, 죽음이 다름 아니라 "우리의 질고"(4절), "우리의 슬픔"(4절), "우리의 허물"(5,8절), "우리의 죄악"(5,6,11,12절) 때문이라고 거듭 강조한다. 다시 말해, 메시아는 백성의 허물과 죄악을 사하기 위한 대속의 고통과 죽음을 담당한 것이다. 이것은 백성들에게 아직 전파되지 않은 놀라운 복음이었다(사52:15).

둘째로 메시아는 백성의 죄악을 사하기 위해 자신의 생명을 죽음에 이르게 하였다. 이사야 53장에서 "그가 살아 있는 자들의 땅에서 끊어짐을 당하였다(8절)"라는 표현과 "그의 영혼을 속건제물로 드렸다(10절)"라는 문구는 메시아가 친히 그리고 스스로 백성을 위해 자신의 목숨을 희생하였다는 것을 암시한다. 먼저, 8절에서 살아있는 자들의 땅에서 '끊어짐(*nigzar*, 니그자르)'이란 종의 죽음이 임박했음을 함의하고(시88:5), 아직 살아있는 상황에서 그의 생명이 단절된 것을 의미한다.[9] 다음으로, 메시

---

9. John Goldingay & David Payne, *Isaiah 40-55*. Vomume II (London: T&T Clark, 2006), 314.

아가 그의 영혼을 속건제물로 드렸다는 것은 그가 백성의 죄를 사하기 위해 자신의 생명을 지불했다는 것을 내포한다.

이스라엘의 제사제도에서 속건제는 하나님께서 이스라엘을 죄에서 깨끗하게 하시고 죄의 용서를 가능케 하시는 제사였다(레4-5장).[10] 마이클 모랄레스(Michael Morales)가 적절히 강조한 것처럼, "속건제는 죄에 대한 정화를 넘어, 또한 사람이 하나님께 범한 죄를 배상한다는 개념도 포함했다."[11] 좀 더 구체적으로, 속건제란 이스라엘 백성이 의도적으로 또는 부지중에 하나님의 권리를 침해하였거나 그분의 이름을 손상시켰거나 그분을 향해 범죄를 자행하였을 때, 그 죄악에 대한 법적 벌금(영적 채무[범죄]에 대한 생명의 빚)을 속건제물의 생명 값으로 보상하는 제사이다.[12] 따라서 속건제가 드려질 때 범죄자를 향한 하나님의 진노와 심판이 만족되고, 속건제물의 생명 값이 지불됨으로써 죄인은 죄악의 형벌에서 자유케 되는 것이다.

속건제의 이와 같은 채무원리에 기초해서 볼 때, 메시아가 속건제물로서 자신의 생명을 희생한다는 것은 백성들이 자행한 범죄에 대한 형벌의 값(생명 값)을 대신 지불한다는 것을 내포한다. 결국 하나님께서는 죄 없는 메시아의 보배로운 피와 생명 값을 취하시어, 이스라엘, 특히 회개하는 남은 자들을 더 이상 죄인으로 기억하지 않으시고 심판과 죽음

---

10. 마이클 모랄레스, 『출애굽 성경신학:구약과 신약의 출애굽』, 239.
11. 마이클 모랄레스, 『출애굽 성경신학:구약과 신약의 출애굽』, 240.
12. Goldingay & Payne, *Isaiah 40-55*, Vomume II, 320.

의 형벌에서 자유케 된 의인으로 인(印)을 치시는 것이다. 무죄한 메시아가 "본래 유죄한 이스라엘을 대신하여 그 자리에 서게 되었고, 이스라엘은 이를 통해서 구원받은 자의 지위를 획득하게 되었다."[13] 메시아가 죽음을 취할 때, 백성은 죽음에서 자유케 되었다.

셋째로 메시아의 고난과 죽음은 시온 백성들에게서 평화, 치유, 그리고 의로움을 성취한다(5,11절). 곧 포괄적이면서 근원적인 회복을 성취하였다. 무엇보다도 메시아의 대속 사역을 통해 이스라엘이 죄를 사함 받게 될 때, 그들은 더 이상 죄인이 아니라 의인의 신분으로 하나님 앞에 서게 되었다. 그들을 향한 하나님의 계획 또한 더 이상 진노와 심판의 형벌이 아니라 위로와 샬롬의 회복으로 변화되었다. 포로의 징벌 아래에서 질고와 간고, 슬픔을 겪어야 했던 그들의 운명이 메시아의 대속 죽음을 기점으로 궁극적인 평화와 치유, 안정감을 누릴 수 있도록 변화되었다. 한때 깨어졌던 하나님과의 관계가 다시 회복되어 하나님의 생명과 은혜가 새롭게 그들에게 임하기 시작하고, 죄악의 형벌과 비참함도 생명과 은혜의 찬양으로 변화되었다. 드디어 참된 샬롬과 치유에 이르게 된 것이다.

---

13. Bernd Janowski, "Er trug unsere Sünden: Jesaja 53 und die Dramatik der Stellvertretung," in *Der leidende Gottesknecht: Jesaja 53 und seine Wirkungsgeschichte mit einer Bibliographie zu Jes 53*, FAT 14 (Tübingen: Moher Siebeck, 1996), 44; 박성호, "'고난 받는 종' 예수: 네 번째 '야웨의 종의 노래'(사 52:13-53:12)에 대한 초대교회의 기독교적 해석 (Interpretatio Christiana)," 「Canon & Culture」 21 (2017), 189.

3. 구속자(고엘)되신 하나님, 메시아, 그리고 시온의 위로

그러면 이사야 52장 13절-53장 12절에서 하나님께서 메시아의 대속 사역을 통해 시온 백성들의 죄를 사한 이 놀라운 사건을 우리는 어떤 관점에서 해석할 수 있을까? 이 질문에 대한 적절한 대답으로, 여기서는 구속(자)의 신학에 특별히 주의를 기울이고자 한다.

구속은 성경이 가르치는 가장 중요한 개념 중 하나다.[14] 구속에 해당하는 히브리어 '가알($g\bar{\imath}$)'은 친족으로서 큰 고난이나 생존의 위험에 빠진 가까운 친족의 집안 또는 그 당사자를 구해 주는 사랑과 희생의 행위를 일컫는다.[15] 그러므로 구속자, 즉 '고엘($go^e\bar{\imath}$)'은 '친족의 역할을 통하여 자기 친족을 곤란과 위험에서 구속하는 이'를 지칭한다.[16] 구약성경에서 대표적인 구속자(고엘)는 룻기에 등장하는 '보아스'다. 그는 쓰러져 가는 친족 엘리멜렉 가문의 남은 자인 나오미와 룻을 가난과 생존의 위협에서 구원함으로써 구속자가 되었다.

구약성경에서 구속자 고엘은 크게 여섯 가지 중요한 역할을 감당하

---

14. Mike Mitchell, "The Go'el: Kinsman Redeemer," *Biblical Illustrator* 13, no.1 (1986), 13-15; 백신종, "룻기에 나타난 고엘 제도의 선교적 의의," 『고엘, 교회에 말 걸다』, 김수정 외 9명 편집 (서울: 홍성사, 2017), 265; 구속(자)에 관한 더 많은 자료를 원한다면, 아래의 책을 참조하라. 김수정 외 9명 『고엘, 교회에 말 걸다』 (서울: 홍성사, 2017).

15. 김수정, "우리 어머니는 어디 있나요?: 이사야서와 에스겔서에 나타난 예루살렘과 그 구속에 관한 신학적 관점들," 『고엘, 교회에 말 걸다』, 김수정 외 9명 편집 (서울: 홍성사, 2017), 82.

16. 이상명, "구속자 예수 그리스도, 고엘의 완성," 『고엘, 교회에 말 걸다』, 김수정 외 9명 편집 (서울: 홍성사, 2017), 142.

였는데, 첫째는 '토지의 상환자'로서, 친족의 세습 재산을 보존해 주는 것이었다(레25:25-28). 즉 가난한 형제가 재정적인 어려움으로 자신의 토지나 가옥의 일부를 타인에게 팔았을 경우, 가장 가까운 친족인 고엘은 그 값을 대신 지불하고 형제의 재산을 되찾아 주는 역할을 수행하였다. 둘째는 '종의 속량자'로서, 경제적 어려움 때문에 종으로 팔린 친족을 대신해 값을 지불하고 그를 다시 자유인으로 되찾아오는 것이었다(레25:47-55). 셋째는 '기업 무를 자'로서, 가문의 대가 끊어질 위기의 상황에서 계대결혼(繼代結婚)을 통해 가문의 다음 세대를 일으켰다.[17] 넷째는 '피의 복수자'로서, 가까운 친족을 누군가가 살해했다면 그를 추적하여 처형하였다(민35:16-21,31). 다섯째는 '속전의 수납자'로서, 친족 가운데 누군가가 범죄의 피해로 사망했을 경우, 그 죽은 피해자를 대신하여 가해자의 속전을 수납하는 것이었다. 끝으로 여섯째는 '변호인'으로서, 개인이나 이스라엘 민족의 정당성을 변호하는 것이었다(욥19:25; 시119:154; 렘50:34).[18] 이상의 내용을 간단히 요약하자면, 고엘은 일반적으로 금전적 보상을 통해 친족의 몸값을 대신 지불하거나, 육체적·정신적 수고를 통해 삶의 위협에 처한 친족을 돕고 변호하는 역할을 감당하였다고 하겠다. 이러한 고엘은

---

17. 계대결혼(繼代結婚)이란 어떤 과부가 그녀의 죽은 남편의 형제와 결혼하는 관습을 일컫는다. 이를 통해 사망한 사람의 가문은 대를 이을 상속인을 제공받게 되고, 그의 이름과 명예를 존속시킬 수 있었다. 이런 결혼은 수혼제(levirate marriage), 시형제 결혼, 형사 취수제라고도 불리는데, 창세기 38장의 유다와 다말의 이야기와 신명기 25장의 내용이 대표적인 사례를 제공한다. 이상명, "구속자 예수 그리스도, 고엘의 완성," 『고엘, 교회에 말 걸다』, 143-44.

18. 필자는 고엘의 여섯 가지 역할을 다음의 자료에서 가져 왔다. 이상명, "구속자 예수 그리스도, 고엘의 완성," 142-43.

대부분 그 지역 공동체에서 사랑의 화신(化身)으로 칭송받았다.

그런데 의미심장하게도 이러한 구약의 친족 구속자로서의 고엘 개념이 선지서, 특히 이사야서에서는 '이스라엘의 고엘'되시는 하나님을 통해 국가 공동체를 돌보고 구속하는 개념으로 확장된다.[19] 선지서에서 고엘은 총 30회 이상 나타나는데, 특히 이사야서에서 가장 많이 등장한다(사41:14; 43:1,14; 44:6,22,24; 47:4; 48:17; 49:7,26; 54:5,8; 60:16; 63:9,16; 렘31:11; 50:34; 호13:14; 미4:10).[20] 이스라엘이 스스로의 힘으로 해결할 수 없는 바벨론 포로와 같은 국가적 위기 상황에 놓였을 때, 하나님께서 친히 이스라엘의 고엘로 등장하시는 것이다. 이사야서는 구속자이신 하나님을 이스라엘의 거룩하신 자라고 칭할 뿐 아니라(사41:14; 43:1;14; 47:4; 48:17; 49:7), 이스라엘의 남편과 아버지라고도 부른다(사54:5; 63:16). 즉 하나님께서는 이스라엘의 가장 가까운 친족으로서 과거 이집트의 노예 상황에서 그분의 백성을 구속하신 것처럼, 바벨론의 포로 상황에서도 그분의 백성을 친히 구속하시고 새롭게 회복하실 것이다.

하지만 이사야서는 여기서 한 걸음 더 나아가 백성의 구속을 물리적 차원의 속박과 고통, 노예 상황으로부터의 구속만이 아니라 영적 차원의 구속 개념으로까지 발전시킨다. 즉 구약성경에서 따로 떨어져 각각 등장하였던 두 개의 구속 개념(물리적 구속과 영적 구속)이 선지서, 특히 이사

---

19. 이상명, "구속자 예수 그리스도, 고엘의 완성," 149.
20. 김수정, "우리 어머니는 어디 있나요?: 이사야서와 에스겔서에 나타난 예루살렘과 그 구속에 관한 신학적 관점들," 82.

야서에 이르러서 통합을 이룬 것이다. 이는 죄의 문제를 해결하는 영적 구속이 선행되지 않는 한, 이스라엘 백성이 아무리 바벨론 포로에서 해방된다 할지라도, 그런 물리적 구속만으로는 그들의 회복에 근원적인 해결책이 되지 못한다는 선지자의 깊은 깨달음에서 기인한 것이다. 즉 포로에서 해방되어 고향으로 돌아온다 해도, 정작 죄의 문제를 해결하지 못한 채 계속 죄악을 저지른다면, 이스라엘 백성은 다시 하나님의 심판을 받아 포로생활에 놓일 수 있게 될 것이란 말이다. 이런 관점에서 죄의 문제가 해결되고 심판과 사망의 형벌에서 해방되는 영적 구속이 물리적 구속보다 더욱 큰 의미를 갖는다. 이렇듯 이사야서는 하나님께서 성취하신 그분의 백성의 구속을 물리적 차원에서뿐 아니라 영적인 차원에서도 심도 있게 다룬다.

이사야서에서도 특히 이사야 40-55장이 고엘되시는 하나님께서 이스라엘과 인류를 위해 성취하시는 구속을 가장 선명하게 보여준다. 앞서 말했듯이 하나님께서는 두 명의 대리인(agent)을 통해 그분의 백성의 구속을 성취하신다. 먼저, 하나님께서는 물리적인 차원에서 고레스 대왕을 통해 시온 백성을 바벨론 포로의 속박에서 구원하신다. 이사야 선지자는 고레스를 하나님께서 세우신 목자이자, 하나님의 기쁘신 뜻, 즉 이스라엘을 포로에서 자유케 하고 예루살렘 성전의 재건을 성취케 하는 기름부음을 받은 사역자로 소개한다(사44:28-45:7). 실제로 고레스 대왕은 역사 속에서 고레스 칙령을 반포함으로써 이스라엘을 바벨론의 포로에서 해방하고, 그들에게 예루살렘 성전을 재건하도록 모든 지원을 아끼지 않았다(B.C. 538). 비단 고레스만이 아니라 요셉과 모세, 다니엘, 에스더, 에스라, 느헤미야와 같은 인물들도 고통 가운데 있던 하나님의 백성을 구속하기 위한 대리인으로서 구속역사에서 쓰임 받았다.

다음으로, 하나님께서는 영적이고 제의적인 차원에서 메시아의 대속적 죽음과 생명 값을 통해 그분의 백성을 사망의 형벌과 저주에서 구속하신다. 이스라엘 백성은 우상을 숭배하고 죄악을 자행함으로써 그 영혼이 바벨론 포로라는 물리적 상황보다 더 심각한 상태에 놓여있었다. 그들은 더 이상 하나님 나라의 백성이 아니라 거짓과 악함, 완고함으로 하나님을 거역하는 사탄 나라의 노예로 전락하였다. 하나님께서는 그분의 엄위한 통치와 영광, 권위를 침해한 근원적인 악과 그 유혹에 넘어가 그를 대적한 악한 백성들을 반드시 심판하실 것이다. 그분께서는 악과 죄인을 심판하시고 온 땅에 공의와 정의를 확립하심으로써 영원히 높임을 받으시는 절대적인 주권자시기 때문이다(사5:16).

이런 맥락에서 이사야 선지자는 하나님께서 영적·정치적·사법적 엘리트 의식에 사로잡혀 그분의 말씀을 경홀히 여기고 악을 자행한 이스라엘의 지도자들과 끝까지 회개하지 않은 악인들을 불로써 반드시 심판하실 것이라고 선언하였다(사1:10-20). 근원적인 악과 그 악을 행한 자들에게는 어떤 자비와 긍휼함도 없다(사66:22-24). 그러나 의미심장하게도 하나님께서는 시온 백성 가운데서 말씀을 듣고 떠는 자, 마음이 가난한 자, 그리고 자신의 죄를 회개하는 남은 자들은 심판과 죽음의 파멸에서 구속받을 수 있는 은혜의 길을 열어 두신다(사6:10-13; 66:2). 이를 선명하게 보여주는 것이 이사야 52장 13절-53장 12절이다. 곧 하나님께서 의도하신 메시아의 대속적 고난과 죽음을 통해 성취되는 구속이다. 하나님께서는 그분의 기쁘신 뜻에 따라 메시아가 '우리'(4,5,6절), 즉 남은 자들을 대신해 그의 생명을 속건제물로 드리게 하신다(10절). 이는 하나님께서 남은 자들에게 쏟아야 할 죄악의 심판과 죽음의 형벌을 메시아에게 대신 쏟는 것을 의미한다. 또한 남은 자들이 심판과 죽음의 형벌을 면하기 위해 지불해야 할 죗값을 메시아가 그의 대속적 고통과 상함, 그리고 보배로운 생명 값으로 대신 지불하는 것을 뜻한다.

레위기의 5대 제사(번제, 소제, 화목제, 속죄제, 속건제) 중에서 속건제가 유일하게 죄악에 대한 보상의 의미를 지닌다는 점을 감안할 때, 메시아가 자신의 생명을 속건제물로 받치는 것은 남은 자들의 죄를 사하기 위해 자신의 생명으로 그들의 죗값을 대신 지불하는 것을 의미한다. 즉 하나님께서는 이스라엘의 가장 가까운 친족, 곧 그들의 남편과 아버지로서 사망과 저주의 나라에 포로로 사로잡힌 남은 자들을 구원하시기 위해 메시아의 생명 값을 보상으로 지불하심으로써, 그들을 심판과 죽음의 파멸에서 해방하시고 의롭고 영광스러운 새 백성으로 회복하시는 것이다. 이제 남은 자들은 메시아의 생명 값과 피의 공로를 의지함으로써 더 이상 죄인이 아니라 새 생명과 영광을 소유한 의로운 새 이스라엘로 거듭날 수 있게 되었다.

그러면 하나님께서 성취하신 메시아의 구속 사역을 통해 남은 자들은 어떤 위로를 누리게 되었을까? 시온의 남은 자들은 메시아의 구속 사역을 통해 가장 심대하고도 근본적인 위로를 누리게 되었다. 앞 장에서 다룬 위로의 3대 요소를 중심으로 하나님께서 메시아를 통해 성취하신 시온의 위로를 살펴보자. 첫째로 메시아의 낮아짐, 고통과 상함, 죽음, 그리고 높아짐을 통해 백성 가운데 현시된 하나님의 임재가 남은 자들의 위로를 구현한다. 바벨론 포로생활에서 이스라엘 백성들은 스스로 하나님께 버림받았고, 죄악의 형벌로서 고통과 상함, 저주를 겪는다고 여겼다. 그들은 조상들과 그들이 저지른 죄악의 짐과 형벌을 포로 가운데서 짊어지고 있다고 생각했다. 더욱이 하나님께 버림받고 유기된 채 더 이상 그분과 교제할 수 없는 것, 그래서 어떤 조치가 취해지지 않는다면 끝없이 유린당하며 영원한 파멸에 도달할 것이라는 예감이 그들을 더욱 절망하게 했다.

그런 영적·심적 절망과 비참함 가운데서 하나님께서는 메시아에게 영의 기름을 부으시고 그를 백성 가운데로 보내셨다(사48:16). 메시아의 대속적 낮아짐, 고통과 죽음, 그리고 회복의 사역은 포로 가운데 현시된 하나님의 크신 임재이자 권능이었다. 남은 자들은 하나님께서 보내신 메시아를 통해 하나님의 권능의 팔이 그들 가운데 나타난 것을 확인할 수 있었다. 또한 머지않아 큰 하나님의 구원의 역사가 성취될 것을 예견할 수 있었다(1절). 이렇듯 메시아를 통해 현시된 하나님의 크신 임재는 그들에게 위로의 시작을 알리는 신호탄과도 같았다.

둘째로 메시아의 대속 죽음을 통해 남은 자들이 획득한 영혼의 구원이 그들에게서 근원적인 위로를 구현한다. 메시아가 남은 자들의 죄악을 대신 짊어진 채 죽음의 자리에 이르게 됨으로써, 그들은 죄 사함과 함께 의와 생명의 자리에 오르게 되었다. 메시아가 자신의 생명 값으로 그들에게 지워진 죽음과 저주의 형벌을 사면함으로써, 그들은 의인으로서 하나님께 참 생명과 은혜를 공급받게 되었다. 비로소 그들은 죄악의 비참함과 사망의 형벌에서 해방된 것이다. 그들 속에 성취된 이러한 영적인 구속으로 말미암아 그들은 예전의 질고가 치유로, 예전의 슬픔이 기쁨으로, 예전의 고통과 아픔이 샬롬(평화)으로 변화되는 진정한 위로를 누리게 되었다. 그들의 영혼이 죄악의 형벌과 비참함에서 자유케 됨으로써, 그들은 영의 새출애굽과 함께 거룩하고 영광스러운 신분과 지위(영광스러운 왕비)를 획득하게 되었다(사62:1-5). 이 얼마나 놀라운 운명의 반전인가! 이것은 인간이 외적으로 경험할 수 있는 일상적인 위로와 달리, 죄 사함을 통해 얻는 가장 근본적이고도 중대한 변화와 위로다.

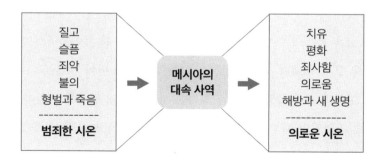

<표 1> 메시아의 대속 사역을 통한 남은 자의 위로

끝으로 메시아의 대속 죽음을 통해 회복된 남은 자의 언약관계가 그들의 위로를 담보한다. 이사야 1장은 언약 고소(covenant lawsuit)의 정황 속에서 하나님을 만홀히 여긴 이스라엘과 시온에 대한 심판 선언으로 시작한다.[21] 하나님과의 언약 관계에 대한 배신과 신실하지 못함으로 그들은 이미 언약의 저주, 즉 '매 맞음'과 '질병'을 경험하고 있었다(참조. 신 28:22,27,28,35,59,61). 이사야 1-39장에서 시온을 향한 하나님의 엄중한 심판은 그분을 업신여기고 그분께 불충성한 백성에 대한 언약의 저주에 기인한다. 그러나 이사야 52장 13절-53장 12절에서 하나님께서는 메시아를 언약의 중보자로 세우시고(사49:8), 그로 하여금 언약의 불충과 배신으로 이스라엘 백성이 겪어야 할 언약의 저주(재앙, 고통, 치심, 상함)를 대신 담당하게 하신다.

메시아가 자신의 생명을 속건제물로 희생함으로써, 그는 백성에게 지워졌던 언약의 저주를 대신 짊어지고 궁극적으로 과거에 깨어졌던 하나님과 남은 자 사이에 언약관계를 다시금 회복하였다. 이는 시온 백성들, 특히 남은 자들의 운명과 미래가 근본적으로 회복될 것임을 암시한다. 바벨론 포로 속에서 시온 백성들은 그들의 운명이 마치 남편에게 버림받은 여인과 같이 불쌍하고 비참하다는 사실에 깊이 탄식하였다(사49:14-26; 54:1-8). 하지만 메시아의 대속 사역으로 그들의 운명이 극적으로 회복되었다. 그들은 더 이상 버림받은 아내가 아니라 남편이자 왕이신 하나

---

21. Richard M. Davidson, "Isaiah 53, Substitution, and the Covenant Curses - Part 1" (2009) *Andrews University Faculty Publications*, 1907.

님의 기쁨과 영광을 소유한 영광스런 왕비로 거듭나게 된다(사54장; 62:1-
5). 메시아의 대속 사역에 근거해 하나님께서는 영원한 자비로 남은 자
들을 축복하실 뿐 아니라, 영원한 언약을 통해 그들에게 다윗에게 허락
하신 영광스런 지위와 특권, 리더십을 허락하실 것을 약속하신다(사54:8;
55:1-5; 62:1-5). 언약관계의 회복을 통한 이와 같은 놀라운 운명의 반전과
미래의 전망은 남은 자들에게 큰 위로를 담보하였다.

정리하자면, 범죄의 결과로서 이스라엘 백성들은 바벨론 포로에 놓이
게 되었다. 그들의 삶의 모든 영역이 마비되고 파괴되었다. 하나님께로
부터 유기된 채 영적 고립 속에서 그 어떤 신령한 생명과 영광의 광채도
누릴 수 없었다. 뿐만 아니라 죄악의 노예로 전락해 슬픔 속에서 파멸을
향해 서서히 죽어가야만 했다. 그때 하나님께서는 메시아의 보배로운
피와 생명을 통해 그분의 백성을 사탄과 죽음의 권세에서 해방하시고,
이스라엘의 근본적인 문제(죄와 심판의 형벌)를 해결하셨다.

구속역사의 흐름에서 남은 자들의 죗값을 지불한 메시아의 구속 사
건은 인류를 구속하기 위해 대속의 고통과 죽음을 감당하신 예수 그리
스도의 십자가에서 그 절정을 이룬다. 백신종은 그 점을 다음과 같이 설
명한다.

모세오경을 통해서 율법의 규례로 제정된 고엘(구속)의 개념과 책임
은 선지자들의 기록으로 넘어오면서 하나님의 구원과 회복의 역사
로 확대되고 있다. 이사야는 하나님께서 이스라엘 백성을 위해서 그
값을 치르심으로(구속하심으로) 고엘(the Redeemer)이 되셨다고 선언한

다(사43:1). 범죄함으로 타락한 인류를 구원하시기 위해서 구속의 비용을 지불하신 신적 고엘(구속)의 절정은 바로 예수 그리스도의 십자가 사건이다(롬5:8). 하나님께서는 타락한 인간의 죗값을 지불하시기 위해서 가장 고귀한 아들의 피를 지불하신 것이다.[22]

하나님께서는 구속자(고엘)로서 예수 그리스도의 대속적 고통과 죽음을 통해 그분의 백성을 심판과 죽음의 형벌에서 구속하셨다. 그럼으로써 지난 날 자신의 죄악을 회개하며 슬퍼하는 자들을 위한 구속의 길을 열어두신 것이다. 그것이 바로 예수 그리스도의 십자가다. 따라서 이제 회개하고 돌아온 자들은 누구나 그 십자가에서 진정한 샬롬(온전한 평안과 회복)과 치유를 발견할 수 있다. 이 얼마나 놀라운 은혜이고 위로인가! 그 십자가가 바로 하나님의 사랑과 공의가 만나는 곳이다. 우리가 지불해야 할 죗값을 예수 그리스도께서 그분의 보배로운 피와 생명 값으로 지불하셨으니 하나님의 심판과 공의가 만족된 것이다. 반면, 죗값으로 우리가 죽음에 이르러야 했는데, 우리 대신 그분의 아들을 죽음에 내어 주셨으니 그야말로 하나님의 크신 사랑이 아닌가! 우리는 이 십자가 위에서 가장 근원적인 문제, 즉 죄악의 형벌과 사망의 저주가 해결되는 것을 보게 된다. 그리고 하나님과의 관계를 회복한 의인이자 영광의 자녀가 된다. 하나님의 백성에게, 죄악의 비참함을 체감하는 남은 자들에게 이보다 더 큰 위로가 또 있을까!

---

22. 백신종, "룻기에 나타난 고엘 제도의 선교적 의의," 265.

<토의문제>

1. 이사야 53장에서 하나님께서는 구속자(고엘)로서 그분의 백성의 죄를 사하셨다. 하나님께서는 어떻게 구속자의 사역을 감당하셨는가?

2. 이사야 53장에서 메시아는 자기 생명을 죄 있는 시온 백성을 위해 희생하였다. 이러한 메시아의 사역을 무엇이라 칭할 수 있는가?

3. 메시아의 사역을 통해 시온 백성은 어떤 변화를 경험할 수 있었는가?

4. 메시아의 사역은 시온 백성이 그간 저질렀던 죄를 사하는 가장 크고도 근본적인 위로를 성취하였다. 이로 보건대 죄 사함과 위로는 어떤 연관이 있는가?

5. 이사야 53장에 나타난 메시아의 사역은 신약성경과 어떤 연관성을 갖는가?

6. 예수 그리스도의 십자가를 믿음으로써 어떤 위로를 경험하였다면, 함께 나누어보자.

4장

위로의 사역자와 그 성취

: 영의 임재를 받은 여호와의 종(들)

(이사야 61장)

이사야서의 전체 구조에서 이사야 56-66장은 이전 메시지들(사1-39, 40-55장)을 통합하면서 대단원을 내린다.[1] 주제면에서 이사야 56-66장은 시온의 영광스러운 회복과 새 창조를 다룬다(사61-62, 66장). 마빈 스위니(M. Sweeney)가 잘 말했듯이, 이사야 56-66장은 이사야 55장 3-5절에 예견된 다윗 언약의 영광스런 지위와 특권, 축복이 어떻게 남은 자들, 즉 하나님의 종들의 공동체에서 성취되는지를 기술하고 있다.[2] 이사야서의 메시지를 전체적으로 살펴보자면, 시온 백성들은 바벨론 포로시기를 통해 자신들을 부정하게 만들었던 범죄와 불의, 더러움에 대한 죗값을 지불하게 되었다. 그리고 하나님께서는 그들의 구속과 회복을 통해 그들을 위로하시겠다고 말씀하셨다(사40:1-2). 물론 그 구속과 회복은 바로 메시아의 대속 사역과 죽음을 통해 성취되었다(사40-55장). 그 후 이사야 56-66장의 메시지는 이제 그들이 죄 사함을 받고 참 생명을 가진 하나님의 백성이 되었으니, 의로운 백성으로서 공의와 정의를 실천하고, 나아가 거룩하고 영광스런 사역을 성취할 것을 고취하는 데 집중한다(사56:1-8). 이 놀라운 부르심은 시온 백성들, 곧 종들의 공동체가 하나님의 영의 임재와 함께 공의와 정의를 실천할 때 성취된다(사61:3). 그때 그들은 자신들의 축복을 열방에 자랑하는 영광스런 백성으로 거듭날 뿐 아니라, 신령한 위로를 구현하며 누리게 될 것이다(사61-62장). 이사야 56-66장은 아래와 같은 교차대칭 구조(chiastic structure)로 시온의 영광스런 회복과 풍성한 위로를 보여준다.

---

1. B. S. Childs, *Isaiah* (Louisville: Westminster John Knox Press, 2001), 440-49; Marvin Sweeney, *Isaiah 1-4 and the Post-Exilic Understanding of the Isaianic Tradition* (Berlin: De Gruyter, 1988); W. A. M. Beuken "The Main Theme of Trito-Isaiah: The Servant of YHWH," *Journal for the Study of the Old Testament* 47 (1990): 67-87; R. Reed Lessing, *Isaiah 56-66* (Saint Louis: Concordia Publishing House, 2014), 1-37.
2. M. Sweeney, *Isaiah 40-66*. FOTL (Grand Rapids: Eerdmans Publishing Company, 2016), 243-44.

A 거룩한 산에 공의와 정의를 실천하는 만민이 모임(56:1-8)

　B 악인들과 종들의 대조(56:9-58:14)

　　C 시온의 회복을 위한 의인의 기도(59:1-15a)

　　　D 용사이신 하나님의 구원과 승리(59:15b-21)

　　　　E 시온의 외적인 회복과 영광(60장)

　　　　　F 여호와의 영의 임재와 시온의 위로(61장)

　　　　E´ 시온의 내적인 회복과 영광(62장)

　　　D´ 용사이신 하나님의 구원과 승리(63:1-6)

　　C´ 시온의 회복을 위한 의인의 기도(63:7-64:12)

　B´ 악인들과 종들에 대한 여호와의 심판과 구원(65:1-66:17)

A´ 열방이 거룩한 산에 모임-새 하늘과 새 땅(66:18-24)

이사야 56-66장은 이스라엘 백성과 온 열방이 시온에 함께 모여서 하나님을 예배하는 종말론적인 회복에 관한 메시지로 그 시작과 끝을 장식하는 봉합구조(inclusio: A와 A´)를 형성한다. 이들은 하나님의 언약을 기억하며 공의와 정의를 행하도록 초청받은 자들이다(사56:1). 이 본문의 핵심 주제를 담고 있는 이사야 60-62장은, 하나님의 영의 임재와 함께 하나님의 종이 말씀을 선포하고 다양한 사역을 수행할 때 시온 공동체가 찬란한 구원과 지위, 영광을 소유한 새로운 공동체로 재건되는 장면을 다룬다(E-F-E´). 따라서 이사야 56-66장은 공의와 정의를 추구하는 시온 공동체(하나님의 종들)가 하나님의 영의 임재를 통해 경험하게 될 찬란한 구원과 위로를 중점적으로 다루는 본문이라 하겠다.

이 장에서는 이사야 61장에 찬란하게 묘사된 시온의 종말론적인 회복, 영광, 그리고 위로를 중점적으로 살필 것이다. 먼저 이사야 40장에서 하나님께서는 포로 가운데 있던 그분의 백성을 위로하라는 중대하고도 긴급한 명령을 선포하셨다. 그 결과 이사야 40-55장에서는 하나님의 선택을 받은 사역자(고레스와 메시아)의 사역을 통해 시온 백성이 물리적인 바벨론 포로에서 해방을 경험하고 나아가 죄 사함을 받아 의롭게 되는 영적 회복에 관해 다루었다. 이제 이사야 61-62장에서는 '하나님의 영'의 기름부음을 받은 한 신실한 종에 의해 성취되는 시온 백성의 위로와 영광스런 회복을 살필 것이다. 이사야 40장의 천상회의에서 그분의 백성의 회복과 위로를 선포하셨던 하나님의 거룩한 목적과 계획이 이사야 45-55장에서 거룩한 메시아 종의 대속 사역을 통해 더욱 진전되었다면, 이제 이사야 61-62장에서는 영의 기름부음을 받은 한 신실한 종을 통해 시온 백성 가운데서 성취될 것이다. 고통 가운데 있던 백성의 '마음 위'에 위로의 말씀을 전하라(사40:1-2)고 하셨던 하나님의 명령이 이제 영이 임재하여 하나님의 말씀을 선포하는 종을 통해 성취될 것이기 때문이다(사61:1-3).

1. 이사야 56-66장에서 이사야 60-62장의 내용과 구조

이사야 61-62장의 내용을 더욱 정확히 파악하기 위해서는 이사야 60-62장의 개략적인 내용과 구조를 살피는 것이 중요하다. 먼저, 이사야 60장은 시온의 '외적 회복'을 중점적으로 다룬다.[3] 이 장은 하나님의 구원을 상징하는 '빛(1절)'을 발하라는 명령과 함께 시작한다. 과거 하나님께서는 시온 백성에게 진노하셨지만, 이제 그분께서는 무한한 긍휼과 자비로 그들을 회복하신다. 그때에 시온은 열방과 함께 구원의 은혜와 영광을 누리게 된다. 더구나 놀랍게도 열방의 압제자들이 값비싼 금과 은, 각양 물품들을 시온으로 가져와 황폐한 시온 성전과 성벽을 재건할 뿐만 아니라 몸을 굽혀 시온 백성에게 경의를 표하고 그들을 존중한다(7,10,13절). 시온은 하나님의 임재로 말미암아 영원한 아름다움과 영광을 열방 가운데 발하며(10,15절), 더 이상 과거의 황폐한 성읍이 아니라 공의와 영광의 빛이 가득한 거룩한 처소요 세계의 중심으로 우뚝 솟게 된다.

반면, 이사야 62장은 시온 백성들의 '내적 변화'를 중점적으로 묘사한다. 시온 백성들은 하나님과 새 언약을 체결한 후(사61:8-9), 옛 이름('아주바[ʾazûḇâ]', '셔마마[šemāmâ]')대신 새 이름('헵시바[ḥepṣi-ḇah]', '쁄라[beʿûlâ]')을 받게 된다. 이것은 그들이 새로운 운명과 지위를 획득하게 될 것을 암시한다(4,12절). 더 나아가 그들은 하나님의 손에 높이 들린 '아름다운 왕관'이

---

3. Jeffrey Shaochang Lu, "Called to Proclaim Covenantal Transformation : A Text-Linguistic Analysis of Isaiah 59:21-63:6" (Ph.D diss., Trinity International University, 1999), 85-153.

되어, 열방 가운데 모든 부러움과 영광의 대상이 된다(3-5,12절). 이 장면은 고대 근동 사회에서 거행되었던 왕족의 결혼식을 상기시키는 것으로, 시온 백성과 성곽이 하나님의 존귀한 신부, 즉 왕비와 같은 존재로서 영광스럽게 변모되었음을 함의한다.[4] 이제 그들은 풍성한 포도주와 곡식을 먹고 마시며 열방 가운데서 하나님의 축복과 구원을 과시한다(8-9절). 이사야 62장에 묘사된 시온의 찬란한 회복과 영광은 이사야 60-61장에 기술된 시온의 회복이 그 절정에 도달하였음을 내포한다.

이와 같은 이사야 60-62장의 문학적·신학적 구조 속에서 이사야 61장은 시온 백성이 과연 어떻게 외적인 회복을 구현하고, 나아가 내적인 회복을 통해 하나님의 신부로서 놀라운 운명의 반전을 이루게 되는지 그 원인을 제시한다. 사실 시온의 회복과 영광은 시온 백성들에게 더할 나위 없는 큰 위로가 된다. 그런데 시온이 이렇게 놀라운 변화와 위로를 경험하게 되는 근본 원인은 무엇일까? 이사야 61장의 맛소라 텍스트의 첫 구절이 잘 보여주듯이, 그것은 하나님의 종에게 임한 '영의 기름부음' 에 있다. 하나님의 영의 기름부음을 받은 한 신실한 종이 하나님의 말씀과 계획을 시온 백성들에게 선포할 때, 마음이 상한 자는 치료를 받고, 포로된 자는 자유를 얻고, 애통하는 자는 기쁨을 누리는 극적인 위로를

---

4. 이사야 62장 1-5절의 이면에 있는 고대 왕족의 결혼 예식에 관하여는 아래의 자료를 참조하라. T. David Andersen, "Renaming and Wedding Imagery in Isaiah 62," *Biblica* 67 (1986), 75-80; Christle M. Maier, *Daughter Zion, Mother Zion: Gender, Space, and the Sacred in Ancient Israel.* (Minneapolis: Fortress Press, 2008).

경험하게 된다(1-3절). 또한 그 종이 백성 가운데서 다양한 사역들을 감당할 때, 오래 황폐하였던 성곽과 무너졌던 성읍이 재건된다. 시온 백성은 언약의 규례를 실천하는 '공의의 나무'(3절)가 되며, 성전에서 제사를 집례하는 제사장의 신분을 획득한다(6절). 하나님과의 새 언약이 체결될 때, 그들은 구원과 공의의 옷을 입고 하나님께 기쁨과 감사의 찬양을 드리게 된다(10절). 이사야서의 전체 문맥에서 이사야 1장 27절, 곧 "시온은 정의로 구속함을 받고 그 돌아온 자들은 공의로 구속함을 받으리라"는 말씀이 이사야 61장에서 성취된다.

이상의 문학적·정경적 구조에서 볼 때, 이사야 60-62장은 A-B-A′ 구조, 즉 카이아스틱 구조를 형성하고 있다.[5] 이 구조는 그 중심축을 이루는 이사야 61장에서 하나님의 영의 임재를 묘사하는 이사야 61장 1-3절이 이사야 56-66장의 메시지의 핵심(core)을 이룬다는 사실을 잘 보여준다. 즉 이사야 61장에서 하나님의 영이 한 신실한 종에게 임하신 사건과 그가 다양한 사역을 수행하는 것은 시온 백성, 즉 하나님의 종들의 공동체가 구원과 위로를 경험하는 데 중추적 기능을 수행한다.

5. Joseph Blenkinsopp, *Isaiah 56-66*. Vol. 19B. 1st ed. The Anchor Yale Bible Commentaries (New Haven & London: Yale University Press, 2003), 60-63; John Goldingay, *Isaiah 56-66: A Critical and Exegetical Commentary*. The International Critical Commentary (London: Bloomsbury T&T Clark, 2014), 1-3.

2. 하나님의 영을 받은 사역자는 누구인가?[6]

다수의 학자들은 이사야 61장 1-3절에 등장하는 선포자의 정체를 밝히기 위해 상당한 노력을 기울였다. 대표적으로 캐논(W. W. Cannon)은 이사야 61장에 나타난 선포자와 이사야 42, 49, 50, 그리고 53장에 등장하는 종을 언어·주제 면에서 비교한 후, 이사야 61장의 선포자가 이사야 40-55장에 등장하는 메시아 종과 동일 인물이라고 주장하였다.[7] 이에 반해 윌리암슨(H. G. M. Williamson)과 스트롬버그(Jacob Stromberg)는 이사야 61장에 등장하는 선포자는 이사야 40-55장에서 등장하는 다양한 인물들, 즉 복된 소식을 전하는 선포자(40:9-11), 종(49; 50; 53장), 고레스(45:1-2), 천상회의에 참여하는 사역자(40:1-2), 그리고 선지자의 모습이 복합적으로 형상화되어 있다고 주장하였다. 즉 그들에게 이 선포자는 '복합적 모습을 가진 인물(a composite character)'이다.[8]

끝으로 뷰컨(W. A. M. Beuken)은 이사야 61장의 선포자와 이사야 40-55

6. YunGab Choi, *To Comfort All who Mourn: The Theological and Hermeneutical Function of Isa 61-62 in the Book of Isaiah* (Ph.D. Trinity Evangelical Divinity School, Illinois), 124-33.

7. 캐논(W. W. Cannon)은 이사야 61장 1-3절이 이사야 40-55장의 종의 노래 중 하나라고 여기고, 따라서 이 선포자는 이사야 40-55장에 등장하는 종과 동일인물이라고 여긴다. "Isaiah 61,1-3 an Ebed-Jahweh Poem," *ZAW* 47 (1929), 284-88을 참조하라.

8. H. G. M. Williamson, *Variations on a Theme: King, Messiah and Servant in the Book of Isaiah* (Paternoster, 2000), 174-88; Jacob Stromberg, David G. Firth, and H. G. M. Williamson, "An Inner-Isaianic Reading of Isaiah 61:1-3," in *Interpret. Isaiah Issues Approach* (Downers Grove: IVP Academic, 2009), 261-72.

장에 등장하는 종 사이에 존재하는 신학적 유사성과 차이점을 살핀 후, 이 선포자는 이사야 53장에 등장하는 메시아의 후손 또는 제자들(사53:10-11의 "씨") 중 한명이라고 주장하였다. 즉 이사야 56-66장은 메시아의 대속 죽음을 통해 죄 사함을 받고, 그의 삶과 사역을 따르는 의로운 종들의 공동체가 생성되는 것을 보여준다는 것이다. 따라서 이사야 61장 1-3절에서 영의 기름부음을 통해 하나님의 말씀을 선포하는 이 (하나님의) 종은 의로운 종들의 공동체를 대표하는 대표자(representative)로서 그의 사역을 감당하고 있다.[9] 또한 영의 기름부음을 받은 대제사장으로서 시온 공동체, 즉 제사장 공동체(사61:6)를 향해 하나님의 희년을 선포한다.

이사야 61장 1-3절에 등장하는 선포자의 정체에 관한 논쟁은 아직도 진행 중이지만, 뷰컨의 해석과 분석이 이사야서의 전체 메시지 흐름과 종-종들의 관계를 가장 적절하게 설명하고 있는 듯하다. 그러므로 여기서는 이사야 61장에서 말씀을 선포하는 이 하나님의 종을 영의 임재 가운데 메시아의 삶과 사역을 시온 공동체(하나님의 종들)에 구현하는 공동체의 대표자이자 대제사장으로 간주할 것이다.

---

9. W. A. M. Beuken, "Servant and Herald of Good Tidings: Isaiah 61 as An Interpretation of Isaiah 40-55," in *Book Isaiah- Livre Isaie* (ed. Jacques Vermeylen; Louvain: Leuven University Press, 1989), 411-42.

3. 위로의 3대 요소와 그 발전

이사야 61장은 시온의 위로는 어떻게 묘사하는가? 이사야 61장에 묘사된 위로 모티프는 어떤 문학적·신학적 특징을 갖는가? 기본적으로 이사야 61장에서 시온 백성의 위로는 고대 근동의 전형적인 표현방식(애통이 기쁨과 찬양으로 바뀌는 변화)을 그대로 반영한다("모든 슬픈 자를 위로하되……"[사 61:2]). 앞서 다루었듯이, 고대 근동 사람들은 슬픔이나 애통의 감정이 기쁨으로 변화되는 것을 위로로 이해하였다. 이사야 56-66장에서 '애통함'(*ēbel*[에벨]: 57:14-18; 60:20; 61:2-3; 66:10)이란 용어가 자주 등장하는데, 특히 61장 2-3절에서는 세 번이나 등장한다. 이것은 당시 시온 백성들의 종교적·사회적 상태를 구체적으로 보여준다. 쿨러(Koole)는 이곳에 기술된 애통의 신학적 함의와 기능을 아래와 같이 기술하였다.

'애통'의 개념은 1-3절에서 핵심 개념 중 하나다. '애통'은 '빛'과 '기쁨'의 반대어로서, 60장 20절의 '빛'과 대조를 이루며 3절에 두 번 등장한다. 확실한 박탈감으로 인한 어둠과 암울함을 의미하며, 또한 신체적·영적 고통, 스스로의 슬픔, 시온을 향한 비애를 내포한다. 1절 하반절의 언어들("겸손한 자들," "마음이 상한 자들" 등)은 넓은 의미에서 이것(애통)과 관련하여 해석되어야 하고, 예외 없이 그들 '모두'는 위로를 받아야 하는 자들이다.[10]

---

10. J. L. Koole, *Isaiah III. Volume III/Isaiah 56-66*. Historical Commentary on the Old

다시 말해, 1절에 언급된 가난한 자(ʾᵃnāwîm[아나빔]), 마음이 상한 자 (niŝberē-lēb[니셔브레-렙]), 포로된 자(šᵉbûyîm[서부임]), 갇힌 자(ʾᵃsûrîm[아슈림])들은 '모든 슬픈 자(애통하는 자)'들을 구체적으로 보여주는 예들이다. 이들은 당시 사회적 부조리와 폭압(사58장), 영적인 암울함과 불의함(사59장), 그리고 하나님의 약속이 더디게 성취되는 것에 대해 애통해하고 있었다. 그런데 2-3절에서 이 애통하는 자들은 영의 기름부음을 받은 종의 선포와 사역을 통해 극적인 반전과 위로를 경험하게 된다.

"무릇 시온에서 슬퍼하는 자에게 화관을 주어 그 재를 대신하며 기쁨의 기름으로 그 슬픔을 대신하며 찬송의 옷으로 그 근심을 대신하고 그들이 (공)의의 나무 곧 여호와께서 심으신 그 영광을 나타낼 자라 일컬음을 받게 하려 하심이라"

고대 이스라엘 사회에서 큰 애통을 겪는 자들은 일반적으로 자신의 겉옷을 찢고, 머리 장식을 벗은 후 그 머리에 재를 뿌리곤 하였다(삼하 13:19).[11] 그러나 3절은 시온 백성들이 지금껏 겪어 왔던 애통이 완전히 반전되는 상황을 생생히 묘사한다. 과거에 슬퍼하였던 자들은 재 대신 아름다운 화관을 머리에 쓰며, 애통함 대신 희락의 기름을 바르며, 근심 대

Testament (Kampen: Peeters, 2001), 274; 필자가 문맥에 따라 '(애통)'을 삽입하였다.

11. Roland De Vaux, *Ancient Israel: Its Life and Instructions* (Grand Rapids: Wm. B. Eerdmans Publishing Company, 1997), 59.

신 찬송의 옷을 입게 되는 것이다. 이제 그 백성들은 기쁨과 찬양 가운데서 전인적인 위로를 경험하게 된다. 세 번 반복된 부사 불변화사 '대신에 (taḥat[타하트])'는 시온 백성이 경험하는 놀라운 반전을 극대화한다. 또한 히브리어의 언어유희(onomatopoeia)로서 '에페르(ēper: 재)'가 '퍼에르(pe'ēr: 아름다운 머리 장식)'로 변화된 것은 시온 백성의 운명이 온전히 반전된 것을 희화적으로 표현한다.[12] 1-3절에 등장하는 다양한 기쁨과 감사의 언어들은 시온 백성 가운데 위로가 구현되었음을 뚜렷이 증명한다. 그리고 이사야 61장에서 시온 백성의 이와 같은 위로의 변화가 더욱 다양한 회복으로 전개된다.

그렇다면 이사야 61장 1-11절에서 위로의 세 가지 요소(하나님의 영, 신실한 종의 구원 사역, 영원한 언약)는 어떻게 묘사되고 있는가? 그리고 이 요소들은 이사야 12장과 40-55장에 묘사된 위로의 세 가지 요소(하나님의 임재와 출현, 하나님의 구원하심, 하나님과의 언약관계)와 어떤 연속성 또는 발전을 이루는가?

(1) 하나님의 영(하나님의 임재와 출현)

한 신실한 종에게 임하신 하나님의 영은 시온의 위로를 구현하는 창조자 하나님의 현존(現存: present-being)이시다. 앞서 밝혔듯이, 이사야 61장 1절은 "주 여호와의 영이 나(종)에게 임하였다(rûaḥ 'ǎdōnāy yhwh 'ālāy[루

---

12. Wilfred G. E. Watson, *Classical Hebrew Poetry: A Guide to Its Techniques* (T&T Clark, 2006), 245-56.

아흐 아도나이 야웨 알라이])"라는 증언으로 시작한다. 이곳에서 하나님의 영이 한 종에게 임하신 것은 이사야 12장과 40장에서 고통과 절망 가운데 있던 그분의 백성을 위로하시기 위해 하나님께서 친히 임하겠다고 하신 예언의 구체적인 성취를 내포한다. 그런데 과연 구약성경과 이사야서에서 말하는 하나님의 영은 어떤 분이신가? 하나님의 영은 공간을 초월하여 어디에나 임재하시는 하나님의 현존(現存)이시다. 구약성경에서 하나님의 영이 하나님의 현존이시라는 점은 여러 곳에서 나타난다. 특히 이스라엘의 두 초대 왕들에 관한 기사가 이 사실을 잘 보여준다.

예를 들어, 사무엘상 10장 6-7절에서 머리에 기름부음을 받은 사울은 하나님의 영의 임재를 통해 새 사람으로 변화되었다. 그런데 사무엘은 이와 같은 사울의 일련의 변화들을 가능케 하신 하나님의 영의 임재를 "하나님이 너(사울)와 함께 하는"(삼상10:7) 것이라고 설명한다. 마찬가지로 사무엘상 16장 13-18절에서 다윗이 하나님의 영에 크게 감동된 사건을 "여호와께서 그와 함께 계시더이다"(삼상16:18)라고 해석한다. 반면, 사무엘상 15장에서 "아말렉을 진멸하라"는 명령에 불순종한 사울을 향해 사무엘은 "왕이 여호와의 말씀을 버렸으므로 여호와께서 왕을 버려……"(삼상15:26)라고 선언한다. 이 선언은 하나님의 영이 사울을 떠나심으로 성취된다(삼상16:14). 그러므로 이 기사들은 '하나님의 영의 임재'가 하나님의 현존이라는 점을 뚜렷이 증명한다. 정리하자면, 구약성경에서 하나님의 영은 온 만물과 사람의 마음에 임하여 하나님의 계획과 의도를 성취하시는 하나님의 현존이시다(창1:2; 욥26:13; 33:4; 시33:6; 104:30).

이사야서에서도 하나님의 영은 다분히 하나님의 현존으로서 그분의 목적과 경륜을 성취하시는 분이다. 대표적으로 이사야 63장 10-14절은 출애굽 당시 이스라엘 백성의 광야 여정을 기술하면서 하나님과 하나님의 영을 동일시한다. 10절에서 이스라엘 백성이 광야 여정을 통해 성령님을 근심하시게 할 때, 하나님께서 그들의 대적이 되시어 그들을 징계하셨다. 하나님의 영을 거역하는 것은 곧 하나님을 거역하는 것이기 때문에 하나님께서 그들의 대적이 되신 것이었다. 14절은 이런 관계를 더욱 뚜렷이 보여준다. 14절 상반절에서 "여호와의 영이 그들(이스라엘 백성)을 편히 쉬게 하셨도다"라는 구절은 14절 하반절에서 "주께서 이와 같이 주의 백성을 인도하셨다"라는 구절과 평행구를 이룬다. 즉 하나님의 영은 구속사를 통해 그분의 백성을 친히 보호하고 인도하셨던 하나님의 현존이시다.

그러므로 이사야 61장에서 하나님의 영이 한 신실한 종에게 임하신 것은 하나님께서 그에게 친히 임재하시는 것을 함의한다. 창조자이자 전능자로 임하셔서 그분의 백성을 왕과 용사, 목자같이 위로하겠다고 약속하셨던 하나님께서 이제 그 창조자의 권능과 지혜를 현시하는 영으로서 이 종에게 임하신 것이다. 하나님의 임재를 통해 이 종은 창조적 능력을 덧입어 하나님께서 의도하신 위로의 사역을 그 백성 가운데서 성취할 것이다. 고통 가운데 있던 시온 백성을 위로하기 원하셨던 하나님의 의도와 목적은 이제 영의 임재와 함께 이 신실한 종에게 이양되었고, 이 종은 고통과 절망 가운데 있던 그 백성을 영의 창조적 능력과 지혜를 덧입어 위로할 것이다. 또한 이 종은 영의 임재를 통해 하나님의 봉사자요 동역자로서 사역을 수행하게 될 것이다(6절). 그리고 이 종이 성취하는 위로를 통해 백성들은 하나님의 일하심을 경험하게 될 것이다.

한 걸음 더 나아가, 하나님의 영이 이 종에게 임하신 것은 고통과 절망 가운데 있던 시온 백성에게도 하나님께서 친히 임재하신다는 것을 의미한다. 물론 이사야 61장에서 하나님의 영이 시온 백성들에게 명시적으로 임하셨다는 말을 찾기는 쉽지 않다. 하지만 우리는 이 종이 영의 임재 가운데서 하나님의 말씀을 선포할 때, 시온 백성들은 그 말씀이 하나님의 영의 임재와 함께 그들 가운데 임하였다는 것을 추론할 수 있다. 하나님의 말씀은 항상 하나님의 영과 함께 동역하기 때문이다(창1:1-2; 시33:6; 사59:21; 겔37:1-14). 하나님의 영이 임하실 때 시온 백성들은 영의 도움으로 언약의 말씀을 실천할 수 있는 의로운 공동체가 된다(3절). 나아가 그들은 '제사장의 옷'을 입고 거룩한 신분과 찬란한 영광을 덧입게 되는 중대한 변화를 경험하게 된다. "무릇 시온에서 슬퍼하는 자에게 화관을 주어 그 재를 대신하며 기쁨의 기름으로 그 슬픔을 대신하며 찬송의 옷으로 그 근심을 대신하시고⋯⋯"(참조. 사61:10; 출28:2,40).[13] 이제 하나님의 제사장들로서 그들은 1절에 영의 기름부음을 받은 종과 함께 오래 황폐한 곳을 재건하고, 무너진 곳을 다시 일으켜 세우는 회복과 위로의 사역을 감당하게 된다.

---

13. Marvin A. Sweeney, *Isaiah 40-66*. FTOTL (Grand Rapids: William B. Eerdmans Publishing Company, 2016). 318.. 또한 동일한 책 322, 326-27쪽을 참조하라.

이와 같이 하나님의 영의 임재 가운데서 시온 공동체가 다양한 회복과 영광을 회복하게 된 것은 슬픔 가운데 있던 그들이 기쁨과 찬양 가운데 신령한 위로를 누릴 수 있는 토대가 된다. 결국 우리는 이사야 40장의 천상회의를 통해 하나님께서 고통과 절망 가운데 있던 그분의 백성을 위로하기 원하셨던 그 놀라운 경륜과 목적이 이사야 61장에서 하나님의 현존이신 영의 임재와 함께 시온 공동체 가운데 성취되는 장면을 목격하게 된다.

(2) 신실한 종의 구원 사역들: 선포와 재건사역(하나님의 구원하심)

한 신실한 종의 구원 사역들은 시온 공동체 가운데서 신령한 위로를 구현한다. 영의 임재를 통해 이제 하나님의 종은 하나님께서 계획하셨던 구원 사역을 시온 공동체 가운데서 성취하게 된다. 그러면 이 종은 어떤 사역들을 성취하게 될까? 그것은 크게 두 가지 사역이다. 하나는 시온 공동체를 향해 말씀을 선포하는 사역이고, 다른 하나는 그 공동체 가운데서 무너진 곳을 재건하는 사역이다. 이 두 가지 사역에 대해 좀 더 설명해보자.

1) 말씀의 선포

말씀의 선포(설교)는 시온의 위로를 구현하는 종의 사역이다.[14] 구약성

---

14. 이곳에서 다루는 '선포의 신학적 역할'은 필자의 논문 "코로나 시대에 고찰하는 설교(선포)의 신학적 역할: 이사야 61장을 중심으로" 『고신신학』 23 (2021), 11-39에 실린 원고를 수정한 것

경에서 선포는 하나님께서 그분의 목적과 계획을 성취하시기 위해 사용된 중요한 신적 도구이다. 대표적으로 창세기 1장에서 히브리어 동사 '아마르(' mr)'는 8번(1:3,6,9,11,14,24,26,29), '카라(qr̄')'는 5번(1:5[×2],8,10[×2]) 사용되어, 각각 하나님께서 첫 창조 때에 수행하신 신적 선포를 묘사한다. 영의 운행하심과 함께 하나님께서는 이 선포를 통해 태초에 창조를 성취하셨다(창1:2). 물론 이사야서에서도 하나님께서는 그분의 선포를 이어가신다. 즉 이사야 40장 1-2절에서 하나님께서는 '아마르'(1절)와 '카라'(2절) 동사를 통해 포로 가운데 있는 그분의 백성에게 그들의 운명의 반전과 위로를 선포하셨다(참조. 사62:11).

이사야 61장에서 하나님께서는 그분의 영의 기름부음을 받은 종을 통해 말씀을 선포하신다. 이 종의 선포는 단순히 한 인간의 사역이 아니라 하나님의 사역으로서 수행하는 신적 선포이다. 구문론적으로 이사야 61장 1-3절은 ל + 부정사를 중심으로 아래와 같이 종의 선포를 특별히 강조한다.

기름을 부으사 → 아름다운 소식을 **전하기** 위하여
나를 보내사 → 마음이 상한 자를 고치기 위하여
      + 자유와 놓임을 **선포하기** 위하여
        + 은혜의 해와 보복의 날을 **선포하기** 위하여
          + 모든 슬퍼하는 자를 위로하기 위하여

임을 밝힌다.

+ 시온에서 슬퍼하는 자를 회복하기 위하여

+ 재대신 화관을 주기 위하여

<표 1> 이사야 61장 1-3절의 동사구문 형태[15]

이 단락(1-3절)은 두 개의 주절("기름을 부으사"와 "나를 보내사")과 일곱 개의 목적절로 구성되어 있다. 이상의 구문형태는 첫째, 종의 선포가 하나님의 '기름부으심'과 '보내심'에 그 근원을 두고 있음을 시사한다. 즉 하나님께서 이 종에게 영의 기름부으심과 보내심을 허락하신 이유는 그를 신적 '대리자'로 삼으시어 하나님의 명령(fiat)을 시온 공동체에 선포하시기 위함이다. 둘째, 일곱 개의 ל + 부정사절에서 세 번이나 선포 관련 동사(*baśśēr*[바셰르: 1절], *q°rō*[커로: 1절], *q°ro*[커로: 2절])가 반복되는 것은 그만큼 선포 주제가 중요하다는 것을 암시한다. 하나님의 영이 이 종과 함께 하실 때, 그의 선포는 시온 공동체 가운데서 하나님의 의도를 성취하는 신적 명령(fiat)이 된다.

그러면 영의 임재 가운데서 이 종이 수행한 선포는 어떤 신학적 함의를 내포하는가? 이 선포는 본질적으로 어떤 기능을 수행하는가? 신학적으로나 실천적인 면에서 신구약성경에 나타난 선지자나 사도들의 선포가 현대 설교자의 설교와 깊이 연관되었다는 점을 고려할 때, 이 주제를 심도 있게 탐구할 필요가 있다. 이 탐구는 설교의 신학적 함의와 목적을

---

15. YunGab Choi, *To Comfort All who Mourn: The Theological and Hermeneutical Function of Isa 61-62 in the Book of Isaiah*, 112.

명확히 규명해줄 것이다.[16] 이 질문에 답하기 위해서 필자는 이사야 61장의 종의 선포가 창세기 1장의 '창조 선포'와 레위기 25장의 '희년 선포'를 언어적·주제적인 면에서 다분히 반영하고 있다는 점에 주목하고자 한다. 또한 이러한 상관관계에 근거하여 이사야 61장의 종의 선포가 시온 공동체 가운데서 '새 창조'를 성취하는 신적 도구(medium)이자 명령(fiat)임을 논하고자 한다.

① 창조 선포

이사야 61장의 선포는 창세기 1장의 하나님의 창조 선포를 반영하는데, 이것은 기름부음 받은 종의 선포가 당시 슬픔 가운데 있던 시온 공동체를 새롭게 창조하는 신적 도구이자 명령(fiat)임을 암시한다. 이사야 61장에 묘사된 종의 선포는 세 가지 관점(언어적, 주제적, 그리고 결과론적)에서 창세기 1장의 창조 선포와 두드러진 유사성을 보인다.

첫째로 이사야 61장에서 히브리어 동사 '카라(qā̄'; 선포하다)'와 '아마르('mr; 일컫다, 부르다)'는 하나님의 창조 선포를 회상함으로써 새 창조의 뉘앙스를 강력하게 전달한다. 구약성경에서 히브리어 동사 '카라'는 하나님의 종이 '하나님의 뜻을 전달한다는 의미'를 지닌 '선포를 지칭하는 전문용어(technical term)'다(사40:2,6, 58:1; 61:1-2; 렘2:2; 3:12; 7:2; 11:6; 19:2; 20:8; 49:29;

---

16. 구약의 선포와 설교의 상관성에 관하여, 이학재, "구약 선지서를 통해서 본 설교의 전형(Model)," 『개신논집』 9 (2009): 41-68.

욘1:2; 3:2,4; 슥1:4,14,17).[17] '아마르' 동사 또한 구약성경에서 하나님이나 선지자의 권위 있는 선포를 일컫는 대표적인 동사다(창1:3,6,9; 출4:22; 5:1; 신 26:17-18; 렘47:2; 48:1; 겔25:3; 30:2; 암1:3). 따라서 이 두 동사는 선지자들이 이스라엘 공동체에 하나님의 구원과 심판을 선포할 때나 그것의 성취를 묘사할 때 주로 사용된다.[18]

의미심장하게도 창세기 1장에서 '카라'와 '아마르'는 하나님께서 만물의 근본을 이루는 사물들과 단위들(하늘, 땅, 바다, 낮, 그리고 밤)의 창조를 선포하시고(창1:3,6,9), 그것들의 '이름'을 부여하신다는 의미로 사용된다 (1:5,8,10). 창세기 1장 3, 6, 9절에서 '아마르'는 '하나님이 이르시되'(개역개정)라고 번역되었는데, 이것은 온 만물의 태초 창조를 가능케 하였던 신적 명령(fiat)을 묘사한다. 베스터만은 하나님께서 만물의 창조를 명령하신 이 부름(saying, speech)을 그분의 신적 선포로 해석하였다.[19] 창세기 1장 5, 8, 10절에서 하나님의 이름수여 선포를 기술하는 '카라' 동사는 그분의 창조 선포(창1:3,6,9)와 의미론적으로 연속선상에 놓여 있다. 즉 하나님께서는 혼돈과 공허함 속에서 사물들의 창조를 명령하시고, 그들에게 이름을 부여하시는 선포를 통해 태초 창조를 성취하셨다.

한편 이사야 61장에서 '카라' 동사('선포하다'[1,2절], '부르다' 또는 '이름짓다'[3,6절])와 '아마르' 동사('부르다' 또는 '이름짓다'[6절, 참조. 62:4])는 종의 선포와

---

17. Louis Jonker, "qr̄," NIDOTTE Vol. III, 972.
18. Jerome A. Lund, "'nīr," NIDOTTE Vol. 1, 444-445.
19. Claus Westermann, Creation, Trans by J. J. Scullion (Philadelphia: Fortress, 1974), 7.

시온 백성에게 새 이름을 수여하는 상황에서 동시에 등장한다. 이와 같은 동사의 용례들은 이 종의 선포가 첫 창조 선포와의 연장선상에서 시온 공동체를 새롭게 창조하는 신적 선포임을 내포한다.

둘째로 이사야 61장에 나타난 하나님의 영의 임재는 이 종의 선포가 새 창조를 성취하는 신적 행위임을 암시한다. 하나님의 영은 모든 만물에 생명과 질서를 부여하심으로써 태초 창조를 완성하셨다. 윌프 힐더브란트(Wilf Hildebrandt)에 의하면, "태초 하나님의 말씀은 강력하게 활동하였던 하나님의 영의 권능을 통해 성취되었다."[20] 그런데 놀랍게도 이사야 61장에서 그 창조의 영이 하나님의 종에게 임하신다. 태초의 창조를 성취하셨던 하나님의 영이 이제 새 창조의 영으로서 이 종에게 임하신 것이다. 따라서 이 종의 선포는 인간의 입을 통해 전달되는 단순한 언어의 나열과 음성이 아니라 시온 공동체를 새롭게 창조하는 새 창조의 명령이 되는 것이다.

셋째로 이사야 61-62장에 등장하는 새 이름 모티프 또한 종의 선포가 새 창조를 성취하는 신적 도구임을 함의한다. 종이 행한 선포의 결과로 시온 백성들은 새 이름을 갖게 된다(의의 나무[61:3], 여호와의 제사장[61:6], 남편의 기쁨이 있는 여인[62:4], 결혼한 여인[62:4]). 이 이름들은 과거 어둡고 슬펐던 시온 공동체의 운명이 새로운 운명으로 회복되는 것을 의미한다. 그런데 여기서 중요한 것은 이사야 61-62장에 나타난 '선포'와 '새 이름' 모

---

20. Wilf Hildebrandt, *An Old Testament Theology of the Spirit of God* (Peabody: Baker Academic, 1993), 37.

티프의 병치가 창세기 1장의 태초 창조 기사에서도 동일한 방식으로 등장한다는 것이다. 좀 더 구체적으로 창세기 1장 3, 6, 9절에 나타난 하나님의 신적 선포가 곧이어 나오는 창세기 1장 5, 8, 10절에서 그분의 이름 수여 선포와 곧바로 연결된다. 즉 하나님의 창조 선포는 그분의 이름 수여를 통해 완성된다.

그런데 흥미롭게도 이사야 61장 1-2절에 기술된 종의 선포는 3절과 6절에서 새 이름 모티프와 동일한 방식으로 연결된다. 이것은 종의 선포가 창세기 1장의 창조 선포와 새 이름 모티프를 언어적·주제적인 면에서 똑같이 반영하고 있음을 시사한다. 따라서 우리는 종의 선포가 창세기 1장의 하나님의 태초 창조 선포와 연결됨으로써 그 선포가 시온 공동체에 새 이름을 부여하는 새 창조의 도구가 됨을 알 수 있다. 창세기 1장과 이사야 61장에 나타난 선포의 유사성을 아래와 같은 도표로 만들 수 있다.

	창세기 1장	이사야 61장
선포의 용어	선포하다(*카라*), 말하다(*아마르*)	선포하다(*카라*), 말하다(*아마르*)
여호와의 영	수면 위에 운행하심	종에게 기름 부으심
이름 수여	하늘, 땅, 낮, 밤	의의 나무, 헵시바, 뿔라
결과	태초 창조	운명의 전환, 영광, 새 언약체결 - 새 창조

<표 2> 창세기 1장과 이사야 61장의 선포

② 희년 선포

이사야 61장에 나타난 종의 선포는 창세기 1장의 창조 선포만이 아니라 레위기 25장의 희년 선포도 반영하는데, 이것은 두 가지 측면에서 종의 선포가 시온 공동체를 새롭게 창조하는 신적 선포임을 함의한다.

첫째로 이사야 61장 1절의 종의 선포는 레위기 25장 10절의 희년의 시작을 알리는 '자유의 선포(qᵉrō' dᵉrôr, 커로 데로르)'를 회상함으로써 그 선포가 새 창조를 성취하는 신적 명령임을 내포한다. 여기서 자유를 일컫는 히브리어 '데로르(dᵉrôr)'는 당시 사회에서 '자유, 해방, 석방'을 의미하는 일반적인 용어였다(레25:10, 사61:1, 렘34:8,15,17). 그런데 레위기 25장에서 자유와 관련한 희년의 근본정신이 아래 구절들에서 잘 드러난다.

"너희는 오십 년째 해를 거룩하게 하여 그 땅에 있는 모든 주민을 위하여 자유를 공포하라 이 해는 너희에게 희년이니 너희는 각각 자기의 소유지로 돌아가며 각각 자기의 가족에게로 돌아갈지며"(레25:10b)

"희년에 이르러는 그와 그의 자녀가 **자유**하리니"(레25:54)

희년이 되면 땅과 백성들은 안식하였다. 그런데 희년의 가장 중요한 가치는 그런 안식이 아니라, 자유의 선포를 기점으로 자연재해나 경제적 빈곤 등의 이유로 종으로 팔렸던 자들이 원래의 자기 가족에게로 돌아가는 것에 있다. 특히 '데로르(derôr)'의 아카드 동족어 '안두라루 (anduraru)'와 '두라루(duraru)'는 '빚의 청산과 노예 해방칙령'을 뜻하는 전문용어로 사용되었다.[21] 즉 이 자유는 빚으로 팔려 아직 속량되지 못한 자들이 원래 상속받은 땅으로 복귀하여 자유인이 되는 해방을 뜻했다(참 조. 렘34:8,14; 겔46:17; 사61:1).[22] 그러므로 "희년의 특징은 해방과 본래대로의 상환(restitutio ad integrum)"에 있는 것이다.[23] 희년을 통해 백성들은 노예 신분에서 풀려나 자유를 경험할 수 있었고, 나아가 되돌려 받은 토지와 기업으로 새로운 삶의 기반을 마련하였다. 무엇보다도 중요한 점은 이 와 같이 "희년에 토지를 무르거나 돌려주는 것, 종의 신분에서 속량되고 희년에 해방되는 것"은 에덴에서 태초의 인간이 경험하였던 하나님 나 라의 통치가 원형적으로 다시 회복되는 것을 암시한다는 것이다.[24] 그러 므로 희년에 대제사장이 자유를 선포하는 것은 이스라엘 백성의 새 창 조를 의미하는 것이라 하겠다.

이사야 61장 1-3절이 레위기 25장 10절의 자유의 선포를 언어적·주제 적인 측면에서 뚜렷하게 반영한다는 것은 중요한 부분이다.

---

21. H. F. W. Gesenius, *Hebrew and English Lexicon of the Old Testament (with an Appendix Containing the Biblical Aramaic)*, 이정의 역, 『히브리어사전』 (서울: 생명의 말씀사, 2012), 165-66.

22. 김의원, 『레위기 주석』 (서울: 기독교문서선교회, 2013), 776.

23. 신득일, "희년 윤리," 『구약과 현실문제』 (서울: CLC, 2021), 148.

24. 최일웅, 『레위기 25장의 희년법 연구』 (석사학위논문, 고신대학교, 2019), 39.

"너희는 오십 년째 해를 거룩하게 하여 그 땅에 있는 모든 주민을 위하여 **자유를 공포하라**(*qerā'tem derôr*, 커라템 데로르)"(레25:10)

"나를 보내사 …… 포로된 자에게 **자유를 선포하기 위하여**(*qerō' derôr*, 커로 데로르) 갇힌 자에게 놓임을 선포하기 위하여……"(사61:1)

이스라엘 백성들이 희년의 자유 선포를 통해 지금까지의 속박과 고통에서 해방되고 새로운 삶을 시작할 수 있었던 것처럼, 이사야 61장에서 시온 백성들은 종의 선포와 함께 포로된 자는 자유를, 갇힌 자는 놓임을, 마음이 상한 자는 치유를 경험하게 되었다. 이 종의 선포가 시온 공동체의 해방과 치유, 회복을 알리는 공적 신호탄인 것이다. 이 선포와 함께 그들은 하나님의 은혜의 해를 경험하며 삶의 터전을 새롭게 마련할 수 있었다. 이사야 58장 6절("흉악의 결박을 풀어 주며 멍에의 줄을 끌러주며 압제 당하는 자를 자유하게 하며 모든 멍에를 꺾는 것이 아니겠느냐")에 의하면, 포로 후기 시온 백성들은 상당한 사회·경제적 억압과 착취로 고통받았다. 이런 사회·경제적 배경 속에서 이 종의 선포는 그야말로 다양한 결박과 멍에, 갇힘에서 그 백성을 자유케 하는 새 창조의 선포였다.

둘째로 이사야 61-62장에서 종의 선포와 함께 시온에 회복된 풍성한 땅의 소출과 포도주는 희년의 풍성함을 상기시키는 한편, 이 선포가 새 창조의 활동임을 지지한다. 대제사장의 자유 선포로 시작되는 희년 제도에는 토지가 반환되고 노예가 해방되는 것과 같은, 사회가 근본적으로 갱신되는 고무적인 요소가 담겨 있었다. 하지만 이 선포를 기점으로 파종이 상당 기간 중단되므로 이 기간에 백성들은 제법 큰 생존의 위협을 받을 수도 있었다. 때문에 하나님께서는 희년 규례에 순종할 것을 백성들에게 요구하시는 한편, 동시에 그들에게 풍성한 소출과 과일을 약속하셨다.

> "너희는 내 규례를 행하며 내 법도를 지켜 행하라 그리하면 너희가
> 그 땅에 안전하게 거주할 것이라 땅은 그것의 열매를 내리니 너희가
> 배불리 먹고 거기 안전하게 거주하리라"(레25:18-19)

따라서 희년의 풍성한 열매는 "노동의 결과로 얻은 소출이 아니라 하나님의 약속을 신뢰하고 순종했을 때 얻는 복으로서, 타락 이전 에덴동산의 모습"과 풍요로운 낙원을 연상시킨다.[25]

이사야 선지자는 흥미롭게도 이사야 61장 1-3절에서 희년의 자유를 선포한 후, 이사야 61장 6절("그들의 땅에서 갑절이나 얻고")에서 시온 백성들이 갑절의 농작물과 소출을 얻게 되는 장면을 기술한다. 이것은 분명 하나님의 개입으로 말미암은 희년의 풍성한 소출을 암시한다. 나아가 지속적인 선포를 통해 시온의 회복을 구체적으로 전개하는 이사야 62장은 8절("네가 수고하여 얻은 포도주를 이방인이 마시지 못하게 할 것인즉")에서 포도주 모

---

25. 최일웅, 『레위기 25장의 희년법 연구』, 38.

티프를 사용하여 희년에 경험되는 백성의 풍요로움을 묘사한다.[26] 비슷한 연대에 기록된 미가서도 구원의 때를 기술할 때, 희년의 주제를 포도주 모티프와 연결시켜 다음과 같이 설명한다. "각 사람이 자기 포도나무 아래와 자기 무화과나무 아래에 앉을 것이라(미4:4; 참조. 슥3:10)."[27] 즉 선지서에서 포도나무와 포도주 모티프는 희년의 풍성한 소출과 풍요로움을 암시하는 대표적인 문학 장치였다고 할 수 있다(레25:4-5,11; 사62:8; 미4:4; 슥3:10). 따라서 이사야 61-62장에서 종의 선포와 함께 시온 백성들이 풍성한 소출과 포도주를 나누는 장면은 그들이 희년의 자유를 통해 사회의 근본적인 갱신과 새 창조를 구현하였음을 반영한다.

이상에서 우리는 이사야 61장의 종의 선포가 창세기 1장의 창조 선포와 레위기 25장의 희년 선포를 언어적·주제적인 면에서 동일하게 반영하고 있음을 살펴보았다. 창세기 1장의 창조 선포가 창조의 직접적인 양상과 방식을 기술한다면, 레위기 25장의 희년 선포는 이스라엘 공동체의 사회·경제적 새 창조를 구체적으로 보여준다. 그런데 이사야 61장에

---

26. 필자는 이사야 62장 8절에 "네가 수고하여 얻은 포도주"라는 문구를 히브리어 동사 *yāgaʿatte*의 의미에 근거하여 "네가 수고하여 빚은 포도주"로 해석한다. 이 동사는 크게 세 가지 의미가 있다. ① '약하게 하다, 피곤하게 하다', ② '수고하다, 노동일을 하다', ③ '얻으려고 노력하다'. 개역개정 한글 성경에서 "수고하여 얻은"이라고 번역된 이 문구는 포도원이나 밭에서 수고하여 일하였다는 뉘앙스를 전달하는 듯하다. 하지만 히브리어의 의미상 이 단어는 '수고하여 포도주를 얻었다' 또는 '빚었다'라는 의미가 더욱 타당하다. 이런 맥락에서 공동번역성경은 이 부분을 "네가 땀 흘려 얻은 포도주를 결코 내주지 아니하리라"고 번역한다. 다음의 자료를 참조하라. David L. Thompson, "יגע," *NIDOTTE*. Vol 2, 400-402.
27. 신득일, "희년 윤리," 153.

서 종의 선포는 위의 두 선포를 상기시킴으로써 이 선포가 창조의 영향력을 가진 신적 행위임을 암시할 뿐 아니라, 언약 공동체의 사회·경제적 새 창조까지 성취하는 신적 매개임을 시사한다. 이런 맥락에서 존 골딩게이는 "선포는 발화행위를 만들고, 이것은 또한 선포된 것이 실재하도록 역사한다. 즉 **선포는 새 창조의 사건을 성취하는 특징을 가진다.**"라고 강조하였다.[28]

그러므로 이사야 61장에서 영의 임재 가운데 종이 수행한 선포는 시온 공동체를 다양한 억압과 고통과 가난에서 자유케 하고, 나아가 그들을 새롭게 창조하는 새 창조의 도구이다. 물론 이와 같은 시온 공동체의 회복과 새 창조는 그들의 찬란한 구원과 영광으로 환원된다. 그리고 이 구원과 새 창조가 그들이 소망하던 위로의 근간이 된다. 이런 점을 고려할 때, 영의 임재 가운데 수행된 이 종의 선포는 시온 백성이 풍성한 위로를 성취하는 데 필요불가결한 신적 방편이 된다(61:2-3). 또한 구속사의 흐름에서 볼 때도 태초의 창조를 성취하셨던 하나님께서는 이제 그분의 영을 사역자들에게 부어주셨다. 그리고 그들의 선포(설교)를 통해 그분의 백성들을 온갖 억압과 속박, 고통에서 자유케 하실 뿐 아니라 그들을 위로하고 새롭게 창조해 가신다.

---

28. John Goldingay, *Isaiah 56-66*, 298. 원래의 문장은 아래와 같다. "proclamation constitutes an 'announcement … which also gives rise to that which is proclaimed; it has an [new creation] event-character." 특히 필자는 앞의 문장은 그대로 번역하여 본 논고에 인용하였고, 마지막 한 문장은 변형하여 이곳에 인용하였다.

2) 다양한 재건 사역

종의 다양한 재건 사역은 시온의 위로를 구현하는 또 다른 주요한 방편이 된다. 하나님의 영을 받은 종은 시온 공동체 가운데서 선포의 사역뿐 아니라 다양한 사역들을 수행한다.

① 황폐한 성읍의 재건

무엇보다 이사야 61장 4절부터는 주어가 1인칭에서 3인칭으로 변화되어 이 종과 시온 백성들이 함께 회복의 사역들을 감당한다. 그들은 오래 황폐했던 성읍들과 땅을 중수하고 대대로 무너진 곳들을 재건한다 (4-6절). 반면 이방인은 시온 백성의 양 떼를 치고 그들의 농부와 포도원지기가 되어 시온 백성들을 섬긴다. 그들은 더 이상 수치와 능욕을 경험하지 않는다. 오히려 열방 가운데 영광스런 백성으로 우뚝 솟아오른다. 뿐만 아니라 그 자손들도 열방 가운데 복 받는 자손이라는 명성을 얻게 된다(9절). 그러므로 시온 백성들을 위로하기 위한 종의 사역은 정서적·영적인 회복을 성취하는 것에 그치지 않고, 물리적 재건과 사회적·영적 지위의 회복 및 영광을 새롭게 확립하는 것까지 포함한다.

② 공의의 회복

의미심장하게도, 이러한 종의 선포와 다양한 사역을 통해 시온 공동체는 궁극적으로 공의의 상수리나무로 회복된다(3절). 그러면 시온 백성들이 의의 나무가 된다는 것은 어떤 의미일까? 이사야서에서 '공의'는 신학적으로나 해석학적으로 두드러진 역할을 감당하기 때문에, 여기서 공의의 의미와 함께 상수리나무의 중요성을 심도 있게 다루고자 한다.

이사야서에서 '공의'는 총 75회 등장한다. 전체 이사야서 가운데 1-39장에서 25회, 40-55장에서 27회, 56-66장에서 23회로 골고루 등장한다.[29]

학자들은 이사야서에서 공의가 크게 두 가지 주된 의미론적 뉘앙스, 즉 하부 의미군을 가진다고 주장한다. 렌트로프(Rolf Rendtorff)에 의하면, 이사야 1-39장에서 공의는 늘 정의(mišpāṭ, 미쉬파트)와 함께 등장하며, 언약 백성의 '윤리 도덕적 삶의 상태'를 내포하는 데 사용된다. 반면, 이사야 40-55장에서 공의는 항상 구원(yešʿa, 예샤)과 함께 등장하며, 하나님께서 언약 백성을 위해 성취하실 '신적 구원'의 뉘앙스를 함의한다.[30] 한편 오스왈트(John Oswalt)는 언약관계를 중심으로 이사야서의 공의를 설명하였다. 그에 의하면, 이사야 1-39장에서 공의는 '언약의 기준에 부합된 (백성의) 삶(moral standards of the covenant)'을 내포하는 반면, 이사야 40-55장에서 공의는 하나님께서 '언약의 약속(covenant promise)'을 기억하며 백성을 구원하시는 하나님의 구속 활동(redemptive activity)을 함의한다.[31]

---

29. 품사의 형태로 구분하면, 이사야서에서 ṣedeq(공의)의 명사형은 60회, 형용사형은 10회, 그리고 동사형은 5회 등장한다.

30. Rolf Rendtorff, "Isaiah 56:1 as a Key to the Formation of the Book of Isaiah," in *Canon and Theology* (Minneapolis: Fortress Press, 1993), 181-89.

31. John Oswalt, "Righteousness in Isaiah: A Study of the Function of Chapter 56-66 in the Present Structure of the Book" in *Writing & Reading the Scroll of Isaiah: Studies of an Interpretive Tradition*. Vol One, ed by Craig C. Broyles & Craig A. Evans (Leiden: Brill, 1997), 177-91.

그런데 이사야 56-66장은 공의의 앞선 두 가지 의미를 통합한다. 즉 이사야 56-66장에서 하나님께서는 시온 백성들 위에 영의 기름부음을 허락하심으로써, 그들에게 부족한 윤리적·도덕적 공의를 그분의 신적 구원의 공의로 채우신다(사59:16-21; 61:1-3). 그리고 하나님의 영의 도우심과 함께 그들이 행하지 못한 공의로운 삶을 실천할 수 있도록 도우신다. 이는 궁극적으로 온 만물 가운데 하나님의 새 창조가 성취되는 것을 뜻한다(사61-62, 65-66장). 따라서 공의는 전체 이사야서의 메시지에 일관성을 부여한다고 하겠다.

공의에 관한 이상의 내용을 바탕으로 이사야 61장 3절에서 시온 백성이 공의의 상수리나무가 되는 것은 크게 두 가지 중요한 신학적 의미를 내포한다. 그것은 첫째, (시온 백성의) 의로운 삶이고, 둘째, (하나님의) 구원 행위이다.

먼저, 공의의 상수리나무는 시온 백성이 공의를 실천하는 의로운 백성이 되는 것을 암시한다. 마크 기그닐리아트(Mark Gignilliat)는 3절에 등장하는 공의의 상수리나무에 관해 심도 있는 해석을 제공하였다.[32] 이사야 60장 21절에서 의로운 가지로 묘사된 시온 백성들은 이제 이사야 61장 3절에서 공의의 상수리나무들로 그 모습을 드러낸다. 특히 눈여겨보아야 할 점은 이사야 61장 3절에 등장하는 공의의 상수리나무가 이사야

---

32. Mark Gignilliat, "Oaks of Righteousness for His Glory: Holticulture and Renewal in Isaiah 61. 1-4," *ZAW* 123 (2011), 400.

1장 29-31절의 마른 상수리나무와 의도적인 대조를 이룬다는 것이다.[33] 이사야 1장에서 잎사귀가 마른 상수리나무는 하나님을 만홀히 여기고, 율법을 떠나 우상숭배 및 범죄와 배교를 일삼는 패역한 시온 백성을 상징한다. 따라서 이사야 61장에서 공의의 상수리나무는 하늘에서 단비와 같은 하나님의 영의 임재와 능력을 통해 언약의 의무를 성실히 수행하는 공의로운 백성들을 뜻한다(사56:1-8; 61-62장).

이사야서의 흐름에서 보자면, 시온 백성들은 메시아의 대속 죽음을 통해 죄악의 억압에서 놓임 받고, 영적으로 의로운 백성으로 칭함을 받았다(사53:11). 그 후 선지자는 삶의 다양한 영역, 즉 예배, 경제, 상업, 정치 영역에서 그들이 의로운 삶을 살도록 권한다(사58장). 하지만 그들은 그것을 실천하지 못하고, 시온의 의인들은 그들의 범죄와 넘어짐을 바라보며 탄식한다(사59:1-15). 그러나 하나님의 영이 시온 공동체에게 임하시고, 한 종이 말씀 선포와 다양한 사역을 신실하게 수행함으로써, 그 공동체는 새롭게 회복되고 공의를 행하는 거룩한 백성이 된다. 그 결과 그들은 다윗의 영광과 특권을 누리게 된다(사55:1-5; 60:1,2,7,9; 62:2). 따라서 3절에서 공의의 상수리나무는 시온 백성이 율법을 순종하며 언약의 의무를 이행할 때, 그들 속에 나타날 의로운 삶과 영광을 의미한다.[34]

둘째, 공의의 상수리나무는 시온 백성들 가운데서 하나님의 구원이 성취되었음을 의미한다. 시온 백성이 공의의 상수리나무가 되는 것은

---

33. J. N. Oswalt, *The Book of Isaiah: Chapters 40-66* (Grand Rapids: Eerdmans, 1998), 567.
34. Gignilliat, "Oaks of Righteousness for His Glory," 403.

다양한 변화들 중에서도 특별한 신학적 중요성을 갖는다. 왜냐하면 그것이 그들의 구원을 확증하기 때문이다. 앞서 말했듯이, 이사야 1-39장에서 나무 이미지는 유다의 교만, 우상숭배, 그리고 배교를 나타내고, 따라서 그것은 그들 위에 임할 임박한 하나님의 심판을 상징하는 은유이다(1:29-31; 2:13-15; 6:13; 10:33-34; 참조. 44:12-17). 하지만 이사야 61장에 등장하는 공의의 상수리나무는 이사야 1-39장에서 심판의 상황 아래에 놓인 백성을 묘사하기보다, 이사야 40-55장에서 메시아-종의 대속 죽음의 은혜와 효력을 수혜 받은 의로운 자들을 지칭한다. 또한 이사야 59장 15-21절에서 이들은 하나님의 영의 임재를 통해 존재론적 회복, 운명의 반전, 그리고 영광을 획득한 시온 공동체로 거듭난다.[35]

그러므로 그들은 죄악을 떠나 공의를 실천하고, 나아가 황폐한 시온을 능동적으로 재건하는 하나님의 동역자들인 것이다(사61:6). 그들이 의로운 사역자이자 제사장으로서 하나님과 동역한다는 것은 무엇보다 그들이 구원받은 백성으로서 사역을 감당하고 있음을 뜻한다. 구체적으로 이사야 1장 27절에서 "시온은 정의로 구속함을 받고 그 돌아온 자들은 공의로 구속함"을 받게 된다. 다시 말해, 시온 백성이 공의로운 삶을 실천하고 신령한 영광을 획득하는 것은 곧 그들이 구원받은 백성임을 반증하는 것이다. 다시 말해, 여기서 시온 백성들이 공의의 상수리나무로 성장하게 되는 것은 그들이 하나님의 놀라운 구원을 체험하는 새로운

---

35. Gignilliat, "Oaks of Righteousness for His Glory," 401.

공동체가 되었음을 암시한다(참조. 사59:20).

결과적으로 이사야 61장 3절에서 시온 백성이 공의의 상수리나무로 번영을 누리는 것은 그들 가운데 심오한 차원의 위로가 구현된 것을 함의한다고 볼 수 있다. 이사야서에서 시온 백성이 죄악을 자행하고 그 결과 하나님의 분노와 심판이 임박하였다는 것은 그들에게 가장 심각한 문제였다. 아울러 그것은 그들에게 애통함과 두려움의 근원이었다(사59:9-15; 64:5-12). 하지만 이사야 61장 3절에서 그들 중 남은 자들, 즉 메시아 종의 대속 죽음을 통해 죄 사함을 받음은 물론 그들의 삶을 통해 공의로움을 실천하는 자들은 찬란한 구원을 경험하게 될 것이다. 이 구원은 종과 시온 백성들, 그리고 그 자손들에게 놀라운 영광과 축복을 담보한다. 또한 이 놀라운 구원으로 말미암아 그들은 기쁨과 감사 가운데 하나님을 찬양하며 신령한 위로를 누리게 된다. 이로 보건대 이사야 1장 27절에 명시된 이사야서의 대의(大義), 즉 시온이 "정의로 구속함을 받고, 공의로 구속함을 받으리라"는 명제적 진술은 이사야 61장 3절에서 비로소 그 성취를 이룬다.

(3) 영원한 언약(하나님과의 언약관계)

영원한 언약은 시온 백성의 위로를 보장한다. 이사야 61장 8절("무릇 나 여호와는 정의를 사랑하며 불의의 강탈을 미워하여 성실히 그들에게 갚아 주고 그들과 영원한 언약을 맺을 것이라")은 하나님께서 시온 백성과 영원한 언약을 맺으시는 장면을 기술한다. 이 언약과 함께 시온 백성들은 찬란한 회복과 영광을 약속받을 뿐 아니라 그 자손들도 열방 가운데 복을 받는 자손이라는 명성을 얻게 될 것이다.

그런데 이 본문에 언급된 영원한 언약은 어떤 신학적 의미를 내포하고 있을까? 사실 언약은 이사야서 전체 메시지의 저변에 깔려있는 중요한 주제 중 하나다. 이 점에 관하여 마빈 스위니(M. A. Sweeney)는 이사야서가 전체 플롯의 흐름을 통해 다윗 언약의 재개념화(reconceptualization) 과정을 이룬다고 설득력 있게 제시하였다.[36] 좀 더 구체적으로, 이사야 1-39장에서 다윗 왕조의 의로운 왕권(사9:1-6; 11:1-16; 32:1-20)은 이사야 40-55장의 이방인 왕 고레스(foreign king Cyrus)에게 위임되고, 그는 그 왕권을 사용해 시온 백성의 회복과 해방을 성취한다(사44:28-45:6). 그런데 포로시기를 거친 후, 이사야 56-66장에서 그 왕권과 통치는 하나님에 의해 시행되고, 그분께서 영원하고 의로운 통치를 통해 새 하늘과 새 땅으로 창조하신다.[37]

한편 이사야 1-39장에서 하나님께서 다윗 왕조에게 부여하셨던 특권, 영광, 은혜, 그리고 축복은 메시아 종의 대속 죽음을 의지하여 죄 사함을 경험하고(사40-55장), 나아가 그 삶속에서 공의와 정의를 이루는 남은 자들, 즉 하나님의 종들에게 이양된다(사56-66장).[38] 그 특권과 영광이 이 종

---

36. Marvin Sweeney, "The Reconceputalization of the David Covenant in Isaiah," in *Studies in the Book of Isaiah: Fst. W. A. M. Beuken.* Edited by J Van Ruiten and M Vervenne. Leuven: Leuven University Press, 1997. 41-61.

37. Sweeney, "The Reconceputalization of the David Covenant in Isaiah," 58.

38. Sweeney, "The Reconceputalization of the David Covenant in Isaiah," 47, 58.

들에게로 이양된 이유는 다윗 왕조와 당시 종교적·사회적 엘리트들이 범죄와 부패, 오만에 사로잡혀 하나님의 언약을 깨트렸기 때문이다. 하지만 시온 백성들 중에서 신실한 남은 자들, 즉 자신의 죄를 회개하고, 메시아의 대속 죽음을 의지하여 죄 사함을 받은 신실한 종들은 하나님과 새로운 언약, 즉 영원한 언약을 체결하고, 다윗 왕조가 누렸던 영광과 특권, 축복을 부여받게 된다. 따라서 이사야 55장 1-5절과 이사야 61장 8절에 언급된 영원한 언약은 과거 다윗 왕조가 누렸던 특권과 영광, 축복, 은혜가 이제 하나님의 말씀을 굳건히 붙들고 실천하는 하나님의 종들에게 이양되었음을 알리는 중차대한 역할을 감당한다. 전자의 영원한 언약이 다윗 언약에 약속된 영광과 특권, 축복이 장차 신실한 종들에게 이양될 것을 예견한다면, 후자의 영원한 언약은 그 약속이 하나님의 영을 받은 종들 가운데서 성취되었음을 알린다.

이사야 62장 1-5절은 여성 의인화를 통해 영원한 언약이 시온 공동체 가운데 가져온 영광과 축복을 더욱 생동감 있게 묘사한다. 시온 공동체는 왕이신 하나님과 결혼식(언약식)을 체결함으로서, 바벨론 포로로 버림받은 비참한 여인이 아니라 존귀하고 영광스러운 왕비로 변모한다(2-5절). 그녀는 새 이름의 수여와 함께 새로운 신분과 지위를 수여 받은 영광스런 존재로 거듭난다(2,4절). 궁극적으로 그녀는 왕의 손에 들린 왕관과 같이 찬란한 영광, 축복, 그리고 특권을 열방에 선전하는 존귀한 왕의 신부로 등극한다(3절). 그때에 하나님의 보호 가운데 시온 공동체는 스스로 경작한 곡식과 포도주를 먹고 마시며, 평안과 안식을 누리게 된다(7-8절).

결국 시온 공동체는 영원한 언약 체결을 통해 과거의 슬픔과 간힘, 가난을 극복하고, 새 창조의 능력 가운데 열방이 흠모할 만한 찬란한 영광과 특권, 축복을 누리게 된다. 그리고 결정적으로 시온 공동체 가운데 영원한 언약의 체결을 통한 이와 같은 변화와 회복이 그들의 위로를 담보한다. 이런 맥락에서 영원한 언약은 시온 공동체를 향한 하나님의 찬란한 구원과 회복을 담보함으로써 그들의 위로를 보장한다.

결론적으로 우리는 이사야 61장에서 하나님의 영의 임재를 받은 한 신실한 종을 통해 시온 공동체에 신령한 위로가 구현되는 것을 목격할 수 있었다. 시온 공동체에 위로가 구현되는 데 있어서 하나님의 영이 임하시는 것은 그 어떤 사건보다 중대한 의미를 갖는다. 하나님의 영은 종의 선포와 사역에 신적인 권능을 부여하심으로써, 시온 백성이 종을 통해 하나님의 임재와 구원하심을 경험할 수 있도록 이끄신다. 이 종의 선포와 사역을 통해 시온 공동체는 해방과 치유, 부요함을 경험할 수 있었고, 궁극적으로 그들의 영과 삶에서 새출애굽을 경험할 수 있었다. 그때 그들은 과거의 슬프고 가난한 백성이 아니라 거룩한 제사장으로 변모하였다(6절). 나아가 그들은 영의 임재를 받은 종과 함께 황폐하고 무너진 성읍을 재건하고, 언약의 축복을 누리는 의로운 공동체로 성장하게 된다(3절). 이러한 근본적이고 거룩한 변화를 통해 시온은 세상에 찬란한 공의, 구원, 그리고 영광을 과시하는 하나님 나라가 된다. 그들은 더 이상 수치와 모멸의 공동체가 아니라 빛과 생명과 영광을 전파하는 거룩한 공동체로 변모하게 된다. 시온 공동체의 이러한 변화와 영광이 슬픔 가운데 있던 자들을 기쁨 속에서 신령한 위로를 경험할 수 있도록 이끌었다.

이사야 61장의 위로 모티프는 이사야 40장에서 천상회의를 통해 하나님께서 계획하셨던 그분의 백성의 위로가 이 땅의 신앙 공동체 가운데 실제로 구현되는 방식을 보여준다는 데 큰 의의가 있다. 그 위로는 하나님의 영의 임재를 받은 신실한 사역자의 선포와 사역을 통해 성취된다. 하나님의 영은 그 임재를 통해 하나님과 이 땅의 사역자를 연결시킨다. 그 영의 임재와 함께 선포된 사역자의 설교는 새 창조와 희년을 성취하는 권능있는 선포가 된다. 그 설교는 고통과 절망 가운데 있는 하나님의 백성과 시온 공동체를 새롭게 창조하는 하나님의 창조 선포로 작용한다. 사역자의 다양한 사역은 하나님께서 계획하신 구원을 성도와 교회 공동체 가운데 성취함으로써 그들을 새롭게 세우고 위로할 것이다.

또한 하나님의 영이 임하실 때, 교회 공동체는 말씀을 실천할 수 있는 권능을 소유할 뿐 아니라, 그것을 실제로 실천하는 의로운 공동체로 성장할 것이다. 그때 그 공동체는 세상 가운데서 하나님의 구원, 공의, 그리고 영광을 나타내는 하나님 나라가 된다. 그러므로 신실한 사역자는 스스로 신령한 위로를 경험하고, 교회 공동체 가운데서 그 위로를 구현하기 위해 가장 우선적으로 하나님의 영(성령님)이 자신과 공동체에 임하도록 간구해야 한다. 물론 교회 또한 그 공동체에 성령님이 임하시고, 그 모임이 거룩하고 의로운 공동체가 되기를 가장 우선적으로 간구해야 한다. 영원한 언약은 하나님께서 이사야 선지자 당시 시온 공동체와 하신 약속일뿐만 아니라, 이 시대 교회의 위로, 구원, 그리고 영광을 담보하는 영원한 계획을 견지하기 때문이다.

<토의문제>

1. 이사야 61장에 등장하는 하나님의 종은 누구를 지칭하는가?

2. 이사야 61장에서 하나님의 종이 위로의 사역을 성취할 수 있었던 능력
   과 권위는 누구를 통해 부여받는 것인가?

3. 하나님의 종이 말씀을 선포할 때, 그 선포는 무슨 사건을 연상시키며
   또한 성취하는가?

4. 하나님의 종이 말씀을 선포하고 사역을 감당할 때, 시온 백성들은 궁
   극적으로 어떻게 변화되었는가?(6절)

5. 예배를 통해 말씀 선포를 듣거나 구역 예배에서 말씀을 나눌 때, 새 창
   조의 회복과 희년(해방)의 축복을 누린 경험이 있는가? 있다면 함께 나
   누어보자.

5장

위로의 결과

: 새 창조

(이사야 51:1-16; 66:7-14)

이 장에서는 이사야 51장 1-16절과 66장 7-14절을 중심으로 위로의 결과로서 새 창조를 살피도록 하겠다. 이사야 51장 1-16절은 시온의 바벨론 포로시기를 배경으로 하나님의 위로와 새 창조를 기술한다. 반면, 이사야 66장 7-14절은 시온의 포로후기 예루살렘 정착기뿐 아니라 문학적으로 이사야서 전체 메시지의 대단원으로서 시온의 풍성한 위로와 새 창조를 기술한다. 이 본문들은 위로의 뚜렷한 결과로서 시온과 온 만물의 새 창조를 기술하는데, 이것은 새 이스라엘의 탄생과 그들의 영광스런 종말을 예견한다. 또한 신앙공동체가 경험하게 될 신령한 위로의 결과로서 그 공동체와 온 만물의 새 창조와 영광을 미리 내다보게 한다.

1. 이사야 51장 1-16절에 나타난 시온의 위로와 새 창조

(1) 이사야 51장 1-16절의 구조와 주제

이사야 51장 1-16절은 이스라엘의 과거 역사와 언약, 위로, (새) 창조를 긴밀하게 연결시키는 이사야서의 본문이다.[1] 이곳에 반복해서 등장하는 중요 단어와 주제들(위로[3,12절], 공의[1,5,7,8절], 구원[5,6,8절], 즐거움과 기쁨[3,11절], 야웨의 팔[5,9절], 야웨의 백성[1,4,7,11절])은 하나님께서 포로 가운데 있던 그분의 백성들을 위해 행하실 새 일들과 그것에 기초한 시온의 종말론적 위로를 잘 보여준다. 문학적으로 이 본문은 이사야 49장 1절-52장 12절 메시지의 절정(climax)을 이룸으로써 시온 백성의 위로와 그 결과로서의 새 창조를 극적으로 묘사한다.[2]

이사야 51장 1-16절은 장르상 하나님의 구원선포(a proclamation of salvation)에 해당하고, 전체적으로 ABB′A′ 수사 형태의 네 개의 연(1-3, 4-8, 9-11, 12-16절)으로 구성된다.

> A 황폐한 시온 백성을 향한 여호와의 **위로와 새 창조**(1-3절)
> > B 시온과 열방을 향한 여호와의 **공의와 구원**(4-8절)

---

1. James Muilenburg, "Isaiah 40-66" in *The Interpreter's Bible, Vol. 5: Ecclesiastes, Song of Songs, Isaiah, Jeremiah.* Edited by George A. Buttrick (New York: Abingdon Press, 1956), 589.
2. Marvin A. Sweeney, *Isaiah 40-66.* FTOTL (Grand Rapids: William B. Eerdmans Publishing Company, 2016), 183.

B′ 여호와의 **구원**을 염원하는 백성의 탄식(9-11절)

A′ 참된 **위로자**이자 **창조자**이신 여호와의 언약관계 재확인(12-16절)

이 단락은 그 시작과 끝에서 수미상관을 이루며 포로 가운데 있던 시온을 향한 하나님의 위로와 새 창조를 강조한다(A, A′). 3절에서는 '위로' 동사(niḥam, 니함)가 피엘 완료형으로 두 번 반복되어 하나님의 위로를 기술한다면, 12절에서는 하나님께서 시온의 위로자(menaḥemkem, 머나헴켐)로 등장하신다. 3절과 11절에 등장하는 기쁨과 감사, 즐거움, 창화하는 소리, 슬픔, 탄식이 달아난 상황은 포로 가운데 있던 시온 백성들이 장차 누릴 신적 위로를 암시한다. 반면, 이 단락의 중심을 이루는 4-11절은 이와 같은 시온의 위로가 하나님께서 그들 가운데 성취하실 구원에 근거하고 있음을 보여준다(B, B′). 따라서 이사야 51장 1-16절은 하나님의 구원에 근거한 시온 공동체의 위로와 그 결과로서 누릴 새 창조를 묘사한다고 하겠다.

(2) 이사야 51장 1-16절에 나타난 시온의 위로와 새 창조

이 본문은 어렴풋하지만 위로의 세 가지 요소를 분명하게 보여준다. 먼저, 첫 번째 연은 1절의 "내게 들을지어다 …… 생각하여 보라"는 하나님의 명령과 함께 시온 백성들의 시선을 그들의 과거 역사, 즉 하나님께서 아브라함과 사라를 기적으로 축복하시고 위대한 민족으로 창성케 하신 그들의 초기 역사로 이끈다(2절; 히11:12). 그런데 12절에서 그 하나님께서 현재 그들 가운데 거하시는 위로자가 되신다. 즉 하나님께서 과거 무자한 상태로 황량한 땅을 떠돌며 아무런 장래희망이 없던 조상을 강대한 나라로 세우셨던 것처럼, 이제 시온 백성을 바벨론 포로상황에서 다시 회복하시고 위로하실 분으로 그들 가운데 거하신다는 것이다.

둘째, 세 번째 연(9-12절)은 하나님께서 전능하신 구원자로서 시온 백성의 구원을 성취하실 것이라 말한다. 이 구절들에서는 구약성경에 종종 등장하는 신화적인 이름들인 라합과 용을 사용하여 하나님의 승리와 구원을 묘사한다(시74:13 이하; 89:10 이하; 93:1-5; 욥9:13; 26:12; 38:8-11). 10절("바다를, 넓고 깊은 물을 말리시고 바다 깊은 곳에 길을 내어 구속 받은 자들을 건너에 하신 이가 어찌 주가 아니시니이까")에서는 과거에 하나님께서 성취하신 출애굽 사건을 회상한다. 하나님께서는 그분의 힘과 권능의 상징인 강하신 '팔'로 홍해 물을 말리시고 바다 깊은 곳에 길을 내시어 그분의 백성을 건너게 하셨다(출6:6-7; 신5:15; 7:19; 9:29; 11:2; 26:8; 사40:10). 그래서 이제 선지자는 과거와 같이 하나님께서 바벨론 포로 가운데 있는 시온 백성을 강한 팔로 구원하시고 그들에게 승리를 안겨주시길 간구한다.

셋째, 16절에서는 하나님께서 시온의 구원과 새 창조를 성취하신 이유가 다름 아니라 그분의 백성을 '내 백성'으로 칭하기 위함이라고 말한다. 하나님께서 시온을 내 백성으로 칭하신다는 것은 하나님과 시온 사이에 존재하는 변함없는 언약관계를 확인하는 것이다. 그리고 하나님께서 그들의 언약의 하나님으로 그들 가운데 계신 것은 그들의 위로와 새 창조를 보증한다.

그러므로 이 본문은 위로의 세 가지 요소를 통해 하나님께서 바벨론 포로 가운데 있는 시온 백성을 위로하실 것을 예견한다고 할 수 있다. 그러나 사실상 이 본문은 위로의 요소를 기술하는 것보다 위로의 결과인 시온의 새 창조를 묘사하는 것에 더 큰 주안점을 둔다. 다시 말해, 하나님의 구원에 근거한 시온 백성의 위로는 그들의 새 창조를 의미한다는 것이다.

이 본문의 첫 번째 단락(1-3절)과 마지막 단락(12-16절)에서 시온의 위로는 창조 모티프와 긴밀하게 연결되어 있다. 먼저, 3절에서는 이렇게 말한다.

> "진실로, 여호와께서 시온을 **위로**하셨다. 그가 그녀의 모든 황폐한 곳들을 **위로**하셨다. 그리고 그는 그녀의 사막을 **에덴**처럼, 그녀의 광야를 **여호와의 동산**같이 만드셨다. 기쁨과 즐거움이 그녀에게서 발견되고, 감사함과 창화하는 소리가 (발견된다)."(개인번역)

이 구절에서 '위로하다'라는 동사가 두 번이나 반복되는데, 모두 선지자적 완료형(prophetic qatal)으로 사용된다. 이는 장차 하나님께서 시온을 위해 성취하실 위로가 확실하다는 것을 보여주는 문학적 장치다.[3] 그리고 시온을 향한 하나님의 위로는 마치 사막을 에덴처럼, 광야를 여호와

---

3. Muilenburg, "Isaiah 40-66," 591; John Goldingay & David Payne. *Isaiah 40-55 Vol 2: A Critical and Exegetical Commentary* (London: T&T Clark, 2006), 225.

의 동산과 같이 새롭게 창조하는 새 창조를 방불케 한다. 즉 홀로 있던 아브라함과 죽은 자와 같았던 노년의 사라에게서 새 생명을 탄생케 했던 것처럼, 하나님의 위로는 죽음에서 생명을 꽃 피우고, 황폐함에서 위대한 나라를 탄생시키는 새 창조를 성취할 것이다. 다시 말해, 하나님께서 시온 백성들을 위로하실 때, 광야와 같은 포로생활에 있던 시온의 운명이 놀랍도록 새롭게 창조될 것이다. 이렇듯 선지자는 과거 역사에서 하나님께서 성취하셨던 창조사역에 근거해 포로 가운데 있던 시온 백성들의 위로와 새 창조의 확실성을 강조한다.

다음으로, 12절에서 하나님께서는 스스로를 시온의 위로자로 규정하신다. 그런데 의미심장하게 그 위로자는 스스로 하늘을 펴고 땅의 기초를 정한 창조자시기도 하다. 그분께서는 9절에서 라합을 저미시고 용을 찔러 승리하심으로써 태초에 혼돈과 공허함을 정복하신 후, 온 우주에 질서와 조화로움을 부여하신 창조자시다. 또한 하나님께서는 머지않은 때에 새출애굽을 통해 시온 백성을 결박에서 자유케 하시고, 구덩이로 내려가지도 않게 하실 구원자시기도 하다(13-15절). 태초에 온 만물과 그분의 백성을 창조하신 하나님께서는 이제 바벨론 포로 가운데 있는 그분의 백성을 구원하심으로써 그 공동체를 위로하시며 새롭게 창조하실 것이다.

2. 이사야 66장 7-14절에 나타난 시온의 위로와 새 창조[4]

(1) 이사야 66장 7-14절의 구조와 주제

일반적으로 이사야 66장은 65장과 함께 전체 이사야서의 결론으로 받아들여진다.[5] 이사야 66장은 세 개의 큰 단락으로 나뉘는데, 첫째, 거짓 제사에 대한 저주(1-6절), 둘째, 하나님의 종들에 대한 신원과 위로(7-14절), 셋째, 하나님의 신현(theophany)과 새 하늘과 새 땅에 대한 비전(15-24절)이다.

이사야 66장은 이사야서의 대단원으로서 '시온/예루살렘의 미래에 대한 희망찬 비전'을 제공한다. 이사야 66장 1-6절이 하나님의 종들에 대한 신원을 다루고 있다면, 이사야 66장 7-14절은 그들이 시온에서 누릴 풍성한 위로와 영광, 새 창조를 생생하게 묘사한다.[6] 전체적인 구조에서 이사야 66장 7-14절의 위로 모티프는 이사야 40장 1-11절이 말하는 포로상황에 있던 시온 백성을 향한 하나님의 구원 및 위로와 전체적으

---

4. YunGab Choi, *To Comfort All who Mourn: The Theological and Hermeneutical Function of Isa 61-62 in the Book of Isaiah* (Ph.D. Trinity Evangelical Divinity School, Illinois), 261-70.

5. Childs, *Isaiah*, 539.

6. W. A. M. Bueken, "Isaiah Chapters 65-66 : Trito-Isaiah and the Closure of the Book of Isaiah," in *Congress Volume* (Leuven, 1989. Leiden: Brill, 1991), 207; Joseph Blenkinsopp. *Isaiah 56-66*. Vol. 19B. 1st ed. The Anchor Yale Bible Commentaries (New Haven & London: Yale University Press, 2003), 304; Christle M. Maier, *Daughter Zion, Mother Zion: Gender, Space, and the Sacred in Ancient Israel* (Minneapolis: Fortress Press, 2008) 201-02.

로 인클루시오(수미상관)를 이루면서 하나님의 종들, 즉 남은 자들을 위한 종말론적인 풍성한 위로와 새 창조를 제시한다.

이사야 66장 7-14절은 다시 두 부분으로 나뉘는데, 첫째, 기적적인 아기의 출산과 수많은 시온의 자녀들(7-9절), 둘째, 시온에 있는 하나님의 종들의 기쁨과 위로, 영광(10-14절)이다. 첫째 단락은 둘째 단락에 나오는 하나님의 종들이 누리게 되는 풍성한 기쁨과 위로의 원인을 밝힌다. 이사야 66장 7-14절의 핵심 요소는 여성 의인화를 통해 등장하는 두 명의 위로하는 여인, 즉 '어머니 하나님'과 '어머니 시온'에 있다. 이에 대해 우드(A. van der Woude)는 아래와 같이 말한다.

여호와가 그의 위로를 설명하기 위해 여성 의인화의 언어를 사용한다는 것이 눈에 두드러진다. 그는 지금 '마치 어미가 자신의 아이를 위로하듯이' 위로하는 자(어머니)로 등장한다(사66:13). 또한 여호와에게 그러하듯이 어머니의 아이콘이 시온에게도 적용된다는 것은 이 구절들에서 우리의 눈길을 끈다. 이 이미지는 또한 이사야 49장 14-26절을 연상시키는데, 그곳에서 여호와는 그가 결단코 시온을 버리지 않을 것이라는 점을 시온 백성들에게 확인시키기 위해 자신을 젖 먹이 어미로 비유하고 있다.[7]

---

7. A. van der Woude, "The Comfort of Zion: Personification in Isaiah 40-66," in *"Enlarge the Site of Your Tent": The City as Unifying Theme in Isaiah* (Leiden: Brill, 2011), 162.

이사야 66장 7-14절에 두드러지게 나타나는 여성 이미지, 의인화, 수사 기법은 이 선포를 듣는 하나님의 종들이 종말의 때에 새 하늘과 새 땅에서 누릴 풍성한 위로, 기쁨, 그리고 만족감을 입체적으로 이해할 수 있도록 돕는다. 아울러 이곳에서 시온 어머니를 통해 새 이스라엘이 태어나는 것은 이사야 61-62장에서 이미 하나님과 그녀의 관계가 회복된 것을 전제한다. 또한 이곳에서 태어나는 새 이스라엘 백성과 그들을 기뻐하는 하나님의 종들은 이미 의로운 백성으로서 구원받은 자들임을 뜻한다. 이사야 51장 1-16절이 시온을 향한 하나님의 위로가 그들의 새 창조를 함의하고 있음을 보여준다면, 이사야 66장 7-14절은 새 창조가 가진 구체적인 양상과 결과를 종말론적인 관점에서 보여준다. 이사야 66장은 뚜렷한 위로의 세 가지 요소를 보이지는 않지만, 그 어떤 이사야서 본문보다 여성 의인화를 통해 하나님의 종들이 새 하늘과 새 땅에서 누릴 풍성하고 충만한 위로를 새 창조의 관점에서 기술하고 있다.

(2) 이사야 66장 7-14절에 나타난 시온의 위로와 새 창조

이 본문에서 위로 모티프는 구원 및 새 창조 주제와 어떻게 긴밀하게 연결되어 있는가? 이사야 66장 7-14절은 고대 근동에서 통상적으로 통용된 전형적인 표현 방식(애통함에서 기쁨으로의 변화)을 통해 종들의 위로를 묘사한다. 이사야 66장 10절의 평행구조를 면밀히 관찰하면, 시온과 함께 기뻐하도록 격려받는 자들(10a와 c절)이 한때 시온의 암울한 상황을 슬퍼하였던 자들임을 확인할 수 있다.

"예루살렘을 사랑하는 자들이여 다 **그 성읍과 함께 기뻐하라** 다 그
성읍과 함께 즐거워하라 그 성을 위하여 슬퍼하는 자들이여 다 그
성의 기쁨으로 말미암아 그 성과 함께 기뻐하라"(사66:10)

이들은 과거에 시온의 황폐함과 우상숭배, 죄악을 바라보며 애통해했
던 의로운 종들이다(1-6절). 그들은 하나님을 두려워하고 그분의 말씀을
순종할 때 기쁨과 영광을 경험할 수 있었다(5,10,11,14절). 이 기쁨과 안도
감은 11절에서 아이가 어머니의 품에서 젖을 빨며 누리는 근원적인 위로
와 연결된다. 그리고 13절에서는 어머니 하나님과 어머니 시온이 제공하
는 흘러넘치는 풍성한 위로를 보여준다. 그렇다면 하나님의 종들에게서
애통함의 원인이 사라지고, 운명의 반전과 함께 그들이 풍성한 위로를
경험하게 되는 원인은 무엇인가? 그것은 7-9절에서 상세하게 묘사하는
어머니 시온이 기적적이고 영광스런 아이를 출산하는 데 있다.

과연 어머니 시온이 기적적인 아이를 출산하는 것에는 어떤 신학적
함의가 내포되어 있을까? 7-9절에서는 아이를 출산하는 어머니 시온의
아이콘을 통해, 그리고 10-14절에서는 그 태어난 아이에게 젖을 먹이고
양육하는 어머니 시온의 이미지를 통해, 15절 이후에 묘사된 새 하늘과
새 땅의 창조를 준비한다. 이런 구조에서 시온 어머니가 기적적인 방식
으로 아이를 출산하는 것은 새 하늘과 새 땅에서 하나님의 종들이 경험
하게 될 구원과 새 창조를 의미하게 된다.

구약성경에서 여인의 출산 이미지는 일반적으로 두 가지 상반된 신

학적 함의를 갖는다. 첫째로 구약성경에서 여인의 출산 이미지는 전쟁과 테러와 같은 극도의 두려움과 공포, 멸망을 암시한다. 의료 시설이 열악했던 고대 사회에서 여인이 아이를 출산하는 것은 종종 예기치 않은 사고와 죽음을 야기하였다. 따라서 이는 극도의 불안과 공포를 일으키는 사건을 말하고자 할 때 등장하였다(사13:8; 21:3-4; 37:3; 렘4:31; 6:24; 22:23; 50:43). 예를 들어, 히스기야 왕은 앗수르의 산헤립이 시온을 침략할 때의 상황을 두고 "아이를 낳으려 하나 해산할 힘이 없음 같도다"라고 말했는데(사37:3), 이는 그들에게 들이닥친 환란, 책벌, 능욕, 파멸, 그리고 죽음을 의미하는 것이었다.

둘째로 구약성경에서 여인이 아이를 출산하는 이미지는 정반대로 기쁨과 소망이 가득한 삶의 구원을 의미하기도 한다. 고대 사회에서 여인이 아이를 안전하게 출산하는 것은 새 생명의 탄생과 그로 인한 새로운 축복과 가능성을 내포하였다. 인류 역사에서 과연 새 생명의 탄생만큼이나 아름답고 고귀한 순간이 있을까! 이런 맥락에서 여인의 출산 이미지는 종종 하나님께서 그분의 백성에게 허락하시는 놀라운 구원 사건을 함의한다(사66:7-14; 미4:9-10).

이상의 내용을 바탕으로 이사야 66장 7-9절을 살필 때, 이 본문은 여인의 아이 출산과 관련한 다양한 언어들(해산하다[tāḥil, 타힐: 7절], 출산하다 [yālāḏa, 얄라다: 7,8,9절], 진통[ḥēḇel, 헤벨: 7절], 아이를 잉태함['aśbir, 아쉬비르: 9절])을 통해 시온 어머니의 출산 장면을 상세하게 묘사함을 알 수 있다. 의미심장한 것은 이곳에서 시온 어머니는 고통 없이 기적적인 방식으로 순식간에 아이를 출산한다는 것이다. 마이어(Maier)에 의하면, "이 고통 없는 출산은 고통 속에 출산하는 여인 이미지에 대한 반대-이미지(counterimage)를 형성하고, 선지서에서 흔히 등장하는 전쟁이나 적대적인 공격과 상반되는 상황을 묘사한다."[8] 즉 시온 어머니의 아이 출산 장면은 시온 백성이 장차 경험할 놀라운 구원을 함의한다는 것이다. 좀 더 나아가 시온 어머니가 고통 없이 아이를 출산하는 것은 범죄로 인해 인류의 첫 여성 하와에게 부과되었던 출산의 고통과 저주가 반전되는 새 창조를 암시한다. 또한 아이들이 기적적인 방식으로 고통 없이 순식간에 탄생하고 시온 어머니 품안에서 마음껏 뛰놀며 성장하는 장면은 마치 새 에덴에 새로운 공동체가 탄생하고 성장하는 것을 연상시킨다.

따라서 이사야 66장 7-14절은 종말론적 위로의 관점에서 시온을 중심으로 하나님의 종들이 경험하게 될 놀랍고도 영광스러운 구원과 새 창조를 묘사한다. 특히 이 본문은 여성 의인화를 중심으로 새로운 관점의 구원론을 발전시킨다. 또한 시온 의인화를 중심으로 여성이 경험할 수 있는 다양한 삶의 모습(생명의 출산, 돌봄, 양육)에 기초한 '생명 옹호적이고 평화적인 구원모델'을 제시한다.[9] 고대 사회에서 '생명담지자(a life bearer)'인 어머니가 단지 출산에만 머물지 않고 자녀를 양육하고 함께 놀아주며 그들의 안녕과 축복을 위해 지속적으로 돌보고 위로하는 모습은, 구원이 단회적인 사건이 아니라 평생에 걸쳐 행해야 할 영속적인 생

---

8. Maier, *Daughter Zion, Mother Zion*, 202.
9. 이영미, 『이사야의 구원신학』 (서울: 맑은 올림, 2004), 22.

명살림과 돌봄의 사역임을 뚜렷이 보여준다. 큰 권능의 상징인 '여호와의 손'(66:14; 40:2; 41:20; 59:1; 62:2)은 태초에 모든 만물의 창조를 성취한 것처럼(사66:2), 종말의 때에는 시온 공동체의 지속적인 돌봄과 사랑, 섬김을 통해 그분의 백성과 온 만물의 새 창조를 성취할 것이다. 이와 같이 놀라운 구원과 새 창조는 당시 슬픔 가운데 있던 하나님의 종들에게 큰 위로를 제공한다. 다시 말해, 기적적이고 예기치 못한 방식으로 그분의 백성을 구원하시는 하나님의 크신 권능과 경륜이 장차 그들이 경험하게 될 종말론적인 풍성한 위로와 함께 새 창조를 미리 볼 수 있게 한다.

(3) 이사야 66장 7-14절에 나타난 풍성한 위로

이사야 66장 7-14절은 시온의 새 창조와 관련하여 위로 모티프가 갖는 세 가지 특징을 제공하는데, 그것은 첫째, 두 명의 어머니 위로자에 의한 풍성한 위로, 둘째, 새 이스라엘의 탄생, 그리고 셋째, 하나님의 통치의 확립이다.

1) 두 명의 위로자: 하나님과 시온 성

이사야 66장 7-14절에 나오는 두 명의 위로자(여호와와 시온)에 의해 종들은 풍성한 위로를 경험케 된다. 이사야서(12, 40, 49, 61-62장)에서는 하나님께서 제1의 위로자시고, 그분께서 그분의 백성을 위로하시는 데 주도적인 역할을 수행하신다. 물론 이 본문에서도 하나님께서 시온 백성을 향한 제1의 위로자가 되신다. 예를 들어, 7-9절에서 하나님께서는 시온이 아들을 순산하도록 돕는 산모로 등장하실 뿐 아니라 새로운 공동체가 충만한 기쁨과 위로를 누리는 데 주도적인 역할을 감당하신다. 또한 11-14절에서도 하나님께서는 그분의 백성을 위로하는 어머니로 등장하신다. 13절에서는 위로(nḥm, 나함)라는 핵심 단어를 무려 세 번씩이나 반복함으로써 시온을 향한 어머니 하나님의 위로를 극적으로 표현한다. "그의 어머니가 그를 위로함 같이, 내가 너희를 위로할 것이고, 또한 너희는 예루살렘에서 위로를 받을 것이다"(사역).

이것은 어머니가 아이에게 가장 본질적인 위로자가 되는 것처럼, 하나님께서도 그분의 백성에게 가장 온전하고 완벽한 위로자가 되신다는 것을 뜻한다. 더불어 하나님께서 어머니와 같이 시온 백성에게 풍성한 영양분을 제공하시고 그들을 돌보시는 장면은, 위로의 핵심 요소가 다름 아닌 하나님께서 그들에게 부여하시는 새 생명과 보호, 안정감에 있다는 것을 암시한다(사66:11-12). 무엇보다도 이곳에 등장하는 어머니 하나님의 은유는 이사야 49장 14-23절과 서로 호응한다. 그곳에서 하나님께서는 젖먹이 아이를 키우는 어머니보다 더 큰 사랑과 보호로 시온 백성을 돌보신다. 그러므로 어머니가 갓난아이를 출산하고 그 아이를 돌보고 양육하는 것처럼, 하나님께서도 크신 권능과 구원으로 시온 백성을 풍성하게 위로하신다. 마이어(Maier)가 잘 지적한 것처럼, 이사야 66장 7-14절에서 "저자의 의도는 의심 가운데 절망하던 청중들에게 그들이 섬기는 신이 그들을 버리지 않았다는 점을 설득하고," 그것을 통해 그들

을 위로하는 것에 있다.[10]

또 다른 한편으로 이사야 66장 10-14절에서 시온 성(城)도 위로하는 어머니로 등장하여 하나님의 종들을 위로한다. 고대 사회에서 한 나라의 수도나 성은 종종 여인으로 의인화되었다. 이사야 49장 14-26절에서도 시온은 남편인 하나님의 사랑과 보호를 의심하는 애통하는 여인으로 등장한다. 하지만 이사야 61-62장에서 그녀는 영광스러운 여왕으로 발전한다(참조. 사49:22-23). 나아가 이사야 66장 7-14절에서는 위로하는 어머니의 모습으로까지 변모한다. 예레미야 애가 1-2장에서처럼, 이사야 66장 7-14절에서도 어머니 시온의 육체(가슴, 엉덩이, 그리고 무릎)에 대한 묘사가 전면에 부각되며, 아기를 돌보는 그녀의 다양한 활동들(젖을 빨게 하는 것, 품에서 만족하게 하는 것, 무릎에서 뛰어 놀게 하는 것 등)에서 자녀들을 위로하는 어머니의 모습을 상징적으로 볼 수 있다. 뷰컨(William Beuken)이 잘 말한 것처럼, "이사야 40-55장과 이사야 56-66장에서 그렇게 중요한 위로 모티프는 이 본문에서 예루살렘의 독특한 모습, 즉 어머니가 아기를 젖먹이는 모습을 통해 전면에 부각되고 있다. …… 이 도시는 종의 자손들(즉, 거주자들)에게 위로의 처소이다."[11]

중요한 것은 이곳에서 시온은 지금까지 하나님의 위로를 받던 수혜자에서 그분의 위로를 전달하는 수여자로 완전히 탈바꿈한다는 것이다.

---

10. Maier, *Daughter Zion, Mother Zion*, 203.
11. W. A. M. Beuken, "The Main Theme of Trito-Isaiah, 'The Servants of YHWH,'" *Journal for the Study of the Old Testament*, no. 47 (1990), 83.

이전의 위로 본문들(사12, 40, 40, 61-62장)에서 시온/예루살렘과 그곳의 백성은 뚜렷하게 구분되지 않았다. 하지만 이사야 66장 7-14절에서는 공간으로서 도시 시온과 하나님의 종들로서의 시온이 뚜렷하게 구분된다. 그리고 전자는 후자를 풍성하게 위로하는 어머니 시온으로 등장한다. 시온의 역할에 대한 이와 같이 중요한 발전에 대해 골딩게이(Goldingay)는 "위로란 시온이 하나님께 받았던 것이지, 그녀가 누구에게 주는 것이 아니었다. 하지만 여기에 등장하는 어머니의 모습은 시온이 위로를 제공하는 존재임을 시사한다. 물론 그녀가 위로를 줄 수 있는 것은 그녀가 이미 그것을 (여호와께) 받았기 때문이다."[12] 이제 시온은 언약 공동체의 중심된 종교적 처소로서 그 백성들에게 하나님의 위로를 상기시키고 전달하는 거룩한 장소로 탈바꿈하였다.

그렇다면 우리는 신학적으로 어머니 시온의 위로를 어떻게 규정할 수 있을까? 이사야 66장 7-14절에 나타난 두 개의 표현이 이 질문에 대한 실마리를 제공한다. 그것은 첫째, "너희가 예루살렘에서 위로를 받으리니"(13절)와, 둘째, "위로하는 품"(11절)이다. 전자의 표현이 시온이 제공하는 위로를 공간 개념에서 설명한다면, 후자는 그것을 여성 의인화와 상징의 관점에서 제시한다. 이와 같이 두 가지 방식으로 표현된 시온의 위로는 이사야 66장 1-14절에 묘사된 시온의 두 가지 내적 특성, 곧 '장소(site)'와 '사인(sign)'을 보여준다 먼저, 장소로서의 시온 어머니의 역할

---

12. John Goldingay, *Isaiah 56-66: A Critical and Exegetical Commentary. The International Critical Commentary* (London: Bloomsbury T&T Clark, 2014), 499.

은 하나님의 긍휼과 사랑을 전달하는 시온 성을 의미한다. 즉 청중들에게 어머니에 관한 감성적인 사랑과 경험을 상기시키면서, 그들에게 시온이 "안전한 처소로서 생명, 풍성한 음식, 보호받는다는 안정감"을 제공하는 포근한 안식처임을 전달한다. 다음으로, 의인화된 어머니 시온의 돌봄은 시온 백성의 구원과 위로에 대한 사인으로 작용한다. 즉 시온은 자녀를 아낌없이 돌보는 어머니처럼 하나님의 종들(14절)에게 어머니의 절대적인 생명과 위로를 보장한다. 그녀는 그들에게 구원을 제공하는 신적 대리자가 되는 것이다.[13]

이사야 66장 7-14절에서 위로 모티프는 어머니 시온이 풍성하게 제공하는 위로와 함께 최고조에 도달한다. 이곳에서 하나님께서는 위로하는 어머니로서 그분의 종들을 돌보신다(사66:14). 아울러 시온도 위로하는 어머니로서 그녀와 함께 계신 하나님과 동역하며 자신의 자녀들을 위로한다(사66:8). 그러므로 종들의 위로는 이곳에서 두 명의 위로자를 통해 두 배가 되어 풍성하게 흘러넘친다.[14] 이사야서에서 "이 본문은 시온이 위로를 제공하는 유일한 곳이다. …… 이사야 40-66장의 메시지에서 시온 신학은 여기서 최고 정점에 도달하고," 아울러 백성을 향한 위로 또한 최고점에 도달한다.[15] 이제 과거 시온의 암울한 상황은 반전되었다. 시온은 하나님의 위로를 전달하는 영적 진원지가 된다. 새 하늘과 새 땅

---

13. Maier, *Daughter Zion, Mother Zion*, 204.
14. Woude, "The Comfort of Zion," 163.
15. Beuken, "The Main Theme of Trito-Isaiah, 'The Servants of YHWH,'" 83.

의 새 창조가 성취될 때, 하나님의 종들은 하나님과 시온 성을 통해 이전에 경험하지 못한 풍성한 위로를 경험할 것이다. 시온에 대한 이러한 신학적 개념은 포로기를 거치면서 성전이 온 만물에 새 창조의 생명을 제공한다는 성전 신학으로 발전하게 됨을 보여준다(겔47장).

2) 새 이스라엘의 출현

이사야 66장 7-14절에서 새 이스라엘의 출현으로 종들은 풍성한 위로를 경험한다. 여기서 그들이 큰 기쁨과 위로를 경험하도록 이끈 원인은 무엇인가? 이사야 66장 7-14절에 의하면, 두 가지 큰 이유가 있다.

첫째로 충만한 숫자의 시온 자녀들이 출현한 것이 그들을 기뻐하도록 이끌었다. 이사야 40-55장에서 시온은 어머니로 묘사되지만(사49:17-23;50:1), 자녀가 없는 비참한 여인의 모습을 띠고 있다(사51:17-20). 이사야 40-55장에서 시온이 위로를 경험하게 되는 주된 요소는, 그녀의 자녀들이 바벨론 포로에서 돌아오는 것과 그 도시의 인구가 급격히 증식하는 것에 있다(사40:9-11; 49:14-26). 고대 사회에서 한 도시의 인구가 증가하는 것은 어떤 사건보다도 크고 놀라운 축복이요 영광이었다. 그 성에 많은 인구가 있다는 것은 그 성의 부와 능력과 영광을 상징하는 것이었기 때문이다. 이사야 60장에서 시온은 실제로 열방 백성의 유입과 함께 이전에 경험하지 못한 인구증가와 윤택함을 누리게 된다.

이사야 61-62장에서 시온은 하나님과 새언약을 체결함으로써 과거 불행한 여인의 이미지를 완전히 벗어버리고 왕의 신부로서 탁월한 영광과 지위를 획득한다. 그리고 시온 신부가 남편 되신 하나님과 언약관계를 회복하고 친밀함을 획득함으로써 이사야 66장에서 새로운 백성 이스라엘이 탄생될 것이 예견된다. 한편 선지자는 시온이 기적적으로 출산하고 그 인구가 급격하게 증가하는 축복을 강조하면서, 이제 종들에게 크게 기뻐하라고 권한다. 다시 말해, 이사야 66장 7-9절에서 시온 어머니가 기적적인 방식으로 자녀들을 생산하고 그들이 순식간에 거대한 나라를 이루는 것은 시온의 운명이 극적으로 반전됨을 의미한다. 이사야서의 전체 구조에서 이러한 시온 어머니의 자녀 출산과 그들의 성장은 시온 백성이 경험할 수 있는 최고의 회복과 희망을 뜻하는 '새 이스라엘의 창조'를 시사한다(8-9절).[16] 그리고 이것은 종말의 때에 완성될 새 창조를 배경으로 하나님의 종들이 누릴 최고의 위로다.

3) 하나님 나라의 확립: 풍성한 평강과 영광

이사야 66장 12절에서 시온의 풍성한 '평강'과 '영광'은 풍성한 위로와 함께 확립될 하나님의 통치, 즉 하나님의 나라를 함의한다. 이사야 66장 10-14절을 자세히 살피면 전체적으로 교차대칭구조(chiastic structure)를 이루고 있음을 알 수 있다. 특히 그 중심축을 이루는 '평강'과 '영광'은 이곳에서 위로의 성격을 규정한다.

---

16. John F Sawyer, "Daughter of Zion and Servant of the Lord in Isaiah: A Comparison," *Journal for the Study of the Old Testament* 44 (1989), 106.

A 어머니 시온에 의한 풍성한 위로와 기쁨(10절)

　B 자녀들이 시온 어머니의 젖을 빨고 만족함(11절)

　　C 시온성에 임재한 여호와의 풍성한 영광과 평강(12a-e절)

　B' 자녀들이 시온 어머니의 젖을 빪(12f-g절)

A' 어머니 여호와와 어머니 시온에 의한 두 배의 위로(13-14절)

위의 대칭구조는 10절과 13-14절에 묘사된 종들의 위로(A, A')가 시온
어머니의 돌봄(B, B')뿐 아니라, 하나님께서 그들에게 허락하시는 평강 및
영광(C')과 긴밀하게 연결되어 있음을 보여준다. 그렇다면 이사야서에서
평강과 영광은 어떤 신학적 함의를 내포하는가? 그것은 크게 두 가지 측
면에서 중요한 의미를 갖는다. 한편으로, 이사야 57장 18절 이하와 60장
17절에서 하나님의 평강은 그분의 왕권을 통해 시온의 구원이 완성되었
을 때 나타나는 전형적인 현상이다.[17] 이것은 그분의 백성을 향한 하나님
의 안전과 보호를 의미한다(사32:15-20). 그러므로 시온 성에 평강이 편만
하다는 것은 그 백성 가운데 확립된 '하나님의 통치'와 그 결과로 나타날
그분의 '보호'를 뜻한다.

　다른 한편으로, '열방의 영광'은 이사야 60장 13절, 61장 6절, 62장
2절에서 열방의 부가 시온으로 유입되는 장면을 연상시킨다. 이것은 시
온의 창대함과 행복을 내포한다. 즉 하나님의 공의로운 통치 아래에서

---

17. J. L. Koole, *Isaiah III. Volume III/Isaiah 56-66. Historical Commentary on the Old Testament* (Kampen: Peeters, 2001), 499.

종들은 물질적·영적 풍요와 함께 행복과 부유함을 누리게 된다. 특히 유사한 음의 반복("강같이[kᵊnahār, 커나하르]"와 "넘치는 시내같이[kᵊnahal, 커나할]")의 히브리어 언어유희는 넘쳐흐르는 강을 연상시키고, 위로의 때에 시온이 경험할 흘러넘치는 행복과 부요함을 표현한다. 나아가 14절에서 하나님의 종들의 뼈가 연한 풀 같이 무성하게 되는 비유적 표현은 종말의 때에 하나님의 평강과 영광을 통해 그들이 누릴 윤택한 위로의 성격을 잘 보여준다. 그러므로 이사야 66장 7-14절에서 아이들의 기적적인 탄생, 인구의 급증, 그리고 그 백성 가운데 임하는 하나님의 평강과 영광은 하나님의 나라에서 시온 공동체가 경험하게 될 극적인 운명의 회복과 풍성한 위로를 함의한다.

결론적으로 이사야 51장 1-16절과 이사야 66장 7-14절은 하나님의 임재와 크신 구원을 통해 시온을 위로하고, 그것이 그들의 새 창조로 귀결됨을 잘 보여준다. 먼저, 이사야 51장 1-16절은 이스라엘의 초기 족장사를 회상하면서, 불가능과 죽음의 상황에 놓여 있던 노년의 아브라함과 사라에게 새 생명을 허락하신 하나님께서 바벨론 포로의 시온 백성들에게도 동일하게 새 창조를 허락하실 것이라고 선언한다. 즉 창조의 권능으로 무자(無子)하였던 아브라함을 통해 이스라엘 왕국을 건설하신 것처럼, 하나님께서는 바벨론 포로 가운데 있던 시온 백성을 새 이스라엘로 세우실 것이다.

다음으로, 이사야 66장 7-14절은 새 하늘과 새 땅에서 하나님의 종들이 누릴 풍성한 위로를 의인화함으로써 새 창조를 더욱 섬세하게 묘사한다. 하나님께서는 크신 권능으로 새 이스라엘을 탄생케 하시고, 나아가 그들을 영광스러운 하나님의 나라로 확립하신다. 시온 성은 더 이상 슬픔과 절망의 처소가 아니라, 열방 가운데 찬란한 영광과 풍성한 위로를 제공하는 어머니의 품과 같은 위로의 처소로 변모된다. 더욱이 하나님과 시온이 어머니와 같은 위로자로 함께 하나님의 종들을 위로할 때, 그들은 '두 배의 위로(double comforts)', 즉 흘러넘치는 풍성한 위로를 경험할 것이다. 이렇듯 이사야 66장 7-14절에서 위로 모티프는 종말에 완성될 하나님의 통치, 새 이스라엘의 탄생, 그리고 시온 공동체를 통해 흘러넘치는 위로를 강조하면서 이사야서의 대단원을 장식한다.

적용의 측면에서는 먼저, 하나님의 위로가 그분의 백성과 온 만물의 새 창조를 성취한다는 점에서 큰 의미가 있다. 즉 이 본문들은 인간의 위로가 본질적으로 하나님에게서 기인한다는 점을 잘 보여준다. 하나님의 위로를 통해 그분의 백성들은 그들의 운명과 삶의 새 창조를 경험하게 된다. 또한 온 만물도 종말론적인 새 창조를 맛보게 된다. 다음으로, 시온 성이 종들에게 신령하고도 풍성한 위로를 제공하는 장면은 교회가 이 땅에 하나님의 위로를 제공하는 거룩한 모임이 되어야 함을 의미한다. 교회는 하나님께 부여받는 위로로 세상에 신령하고도 초월적인 위로를 제공하는 영광스러운 공동체가 되어야 한다. 그때 교회는 세상의 다양한 모임들과는 달리 이 땅에 존속해야 할 독특한 이유와 가치를 발견할 수 있을 것이다.

이상에서 우리는 구약성경, 특히 이사야서를 중심으로 하나님께서 고통과 절망 가운데 있던 시온 백성들을 위해 성취하시는 위로를 살폈다. 그 주된 내용은 다음과 같이 세 가지로 요약된다.

① 이사야서는 새출애굽 신학을 모형삼아 시온 백성들의 위로를 전개하면서 위로의 세 가지 요소를 발전시킨다. 그것은 첫째, 하나님의 구원, 둘째, 하나님의 임재, 셋째, 하나님과의 언약관계이다. 먼저, 출애굽은 하나님께서 이스라엘 백성을 애굽의 고통과 속박에서 해방시킨 구원 사건의 모델이다. 이와 같은 구원 사건에 근거해 이사야서는 하나님께서 시온 백성을 다양한 고통, 슬픔, 절망, 그리고 억압에서 자유케 하실 것을 일관되게 강조한다. 온 만물을 창조하신 전능하신 하나님께서 그분의 권능과 지혜로 다양한 슬픔, 절망, 그리고 괴로움 속에 놓여 있던 시온 백성들을 구원하시고 자유케 하실 것이라는 확신은 그들에게 큰 위로가 되지 않을 수 없었다.

그런데 이사야서에서 하나님의 구원 사건은 물리적인 구원뿐 아니라 죄와 사망의 속박에서 자유케 하실 것도 함께 내포한다. 그래서 메시아 종의 대속 희생과 죽음을 통해 고엘(구속자)이신 하나님께서는 죄악의 값을 지불하시고 시온 백성들을 죄악과 사망의 저주에서 구속하신다. 그때 시온 백성들은 의롭고 영화로운 백성이 될 뿐 아니라 하나님의 풍성하고도 참된 위로를 경험하게 된다. 이것이 일상적인 위로와는 다른 기독교의 초월적이고 신령한 위로의 특징이다.

둘째, 이사야서는 이 놀라운 구원 사건을 성취하기 위해 시온 백성 가운데 친히 임하시는 하나님의 임재와 출현을 기술한다. 하나님께서는 왕과 용사, 목자로서 시온 백성 가운데 임하셔서 그들을 온갖 종류의 고통과 괴로움에서 구원하신다. 하나님의 임재와 출현은 그 백성의 회복과 구원을 내포하는 반면, 하나님의 떠나심은 그들의 파멸과 심판을 예견한다. 따라서 하나님의 임재와 출현은 하나의 결정적인 구원사건으로서 그들의 위로를 성취한다.

셋째, 이사야서는 하나님의 위로가 모든 이들을 위한 것이 아니라 하나님과의 언약관계 안에 있는 남은 자, 즉 하나님의 종들을 위한 축복임을 시사한다. 하나님께서는 언약 안에 있는 그분의 백성을 위해 싸우시고 그들을 구원하심으로써 그들의 위로를 성취하신다. 시온 백성들은 이와 같은 하나님의 구원, 하나님의 임재와 출현, 하나님과의 언약관계를 확신할 때, 그 어떤 고통과 슬픔 가운데서도 성령 안에서 하나님께서 허락하시는 신령한 위로를 누릴 수 있었다(사12:2). 이사야서에서 이 세 가지 위로의 요소들은 뚜렷하고도 일관된 모형을 형성하며, 시온 공동체 가운데 하나님의 위로가 구현되는 방식과 토대를 보여준다(사12; 40; 49; 51; 61-62장).

② 영의 임재를 받은 하나님의 종을 통해 신령한 위로가 시온 백성 가운데서 실제로 성취된다. 이사야 40장에서 천상회의를 통해 포로 가운데 있던 그분의 백성을 위로하기 원하셨던 하나님의 계획은 이사야 61장에서 영의 임재를 받은 하나님의 종을 통해 성취된다. 그 종의 말씀 선포와 다양한 사역들은 절망과 고통 가운데 있던 시온 백성들의 운명을 새롭게 하는 새 창조의 사역이 된다. 신적인 권능과 지혜를 부여하시

는 하나님의 영은 사역자의 사역과 선포가 언약 백성을 새롭게 창조하는 신적인 말씀과 사역이 되도록 이끄신다. 그러므로 하나님의 영(성령)이 택함 받은 종에게 임하시는 것은 하나님께서 언약 백성과 그 공동체를 새롭게 창조하실 것을 예견하는 보증이 된다. 이런 맥락에서 신령한 위로와 새 창조를 소망하는 이 땅의 교회와 성도에게 가장 우선된 조건이자 기도제목은, 성령님께서 하나님의 종들과 교회 공동체에게 임하시기를 구하는 것이다.

③ 하나님의 위로는 시온 백성의 새창조로 귀결된다. 하나님께서 고통과 절망 가운데 있는 그분의 백성을 위로하실 때, 성도와 교회 공동체는 영적인 영역뿐 아니라 삶의 다양한 부분에서 실제적인 변화와 회복을 경험한다. 그 위로는 언약 백성이 영적인 죄 사함과 함께 그들의 운명이 사망에서 생명으로 옮겨지는 존재의 구원만이 아니라, 삶의 영역에 드리워진 크고 작은 고통과 억압, 고난에서 자유케 되는 물리적인 회복까지 동시에 포함한다. 이와 같은 포괄적인 회복은 그들의 새 창조를 지향하고, 하나님의 통치와 함께 그들 가운데 풍성한 샬롬과 안전, 영광이 구현되는 것을 의미한다. 따라서 세상 속에 진정한 위로와 새 창조를 구현하기 원하는 교회 공동체는 따스한 품을 가진 어머니와 같이 이 땅의 상처받은 자와 외로운 자, 절망 가운데서 슬퍼하는 자를 위로할 수 있는 은혜의 공동체가 되어야 한다. 아울러, 복음전파는 교회가 감당해야 할 가장 우선된 위로의 사역이다.

이제 다음 장에서는 구약성경, 특히 이사야서를 통해 선포되었던 시온 백성의 위로가 신약성경의 교회 공동체를 통해서 어떻게 성취되는지를 살필 것이다.

<토의문제>

1. 이사야 51장과 66장에서 하나님께서 그분의 백성을 위로하실 때, 그것의 궁극적인 결과는 무엇인가?

2. 이사야 66장 7-14절에서 새 하늘과 새 땅에서 하나님의 백성들이 누릴 위로의 특징은 무엇인가?

3. 예배와 말씀, 기도 가운데서 구현되는 하나님의 임재와 구원의 역사를 통해 삶이 새롭게 창조된 경험이 있는가? 그렇다면 함께 나누어보자.

4. 종말의 때에 성취될 위로는 신앙 공동체인 교회의 위로를 잘 보여준다. 우리 교회는 성도들이 서로 위로할 수 있도록 어떤 사역들을 진행하고 있는가?

5. 이 세상의 위로 공동체로서 교회가 이 땅에서 고통과 환란 가운데 있는 자들을 어떻게 위로할 수 있을까?

6장

신약성경에 나타난 위로의 성취

: 예수님, 성령님, 그리고 교회의 위로

(누가복음 2장, 사도행전 9장, 고린도후서 1장)

지금까지 우리는 이사야서를 중심으로 구약성경에 나타난 위로를 살폈다. 이제 이 장에서는 신약성경에 나타난 신적 위로, 특히 예수 그리스도와 성령님의 사역에 의해 교회 가운데 성취되는 신령하고도 견고한 위로를 탐구하고자 한다.

신약성경에서 위로를 일컫는 대표적인 헬라어 동사는 παρακαλέω(파라칼레오)이고, 명사는 παράκλησις(파라클레시스)이다.[1] 신약성경에서 109번 등장하는 이 동사는 크게 세 가지 의미를 갖는다. 첫째, '위로하다, 격려하다, 도움이 되다', 둘째, '부르다, 초청하다, 질문하다, 애원하다', 셋째, '열심히 권하다, 촉구하다'이다. '파라클레시스'가 '위로'라는 의미로 사용될 때, 이 단어는 친절한 말과 도움으로 고통과 슬픔 가운데 있는 자를 격려하고 회복시킨다는 의미를 갖는다. 이 단어는 상당히 포괄적이고 다면적인 의미를 동시에 내포한다(마5:4; 롬15:4; 고후1:3-7; 살후2:16). 톰 라이트(N. T. Wright)는 신약성경에 사용된 '파라클레시스'의 의미를 다음과 같이 설명한다.

이 단어는 '어떤 사람을 가까이 오도록 부르다', '강하게 호소하거나 권면하다' 혹은 '환대하거나 다정하게 대하다'라는 뜻을 담고 있다. 이 단어의 전반적인 개념은 한 사람이 다른 사람과 함께 있으면서 그들의 기분과 상황을 변화시키는 말을 하고, 다음 순간, 다음 날, 남은 생애를 대하는 그들의 태도를 바꾸어놓을 용기와 새로운 희망, 새로운 방향, 새로운 안목을 준다는 것이다. …… 이 단어는 사람들이 처해 있는 그곳에서 그들을 만나 새로운 희망과 새로운 가능성, 새로운 길을 넉넉히 볼 수 있는 곳으로 그들을 데려간다는 뜻이다.[2]

---

1. 신약성경에 위로를 함의하는 παρακαλέω 동사에 대한 설명은 G. Braumann, "παρακαλέω" in *NIDNTT*. Vol 1, 569-71을 참조하였음을 밝힌다. 그 외에도 이 동사에 대해서는 H. G. Liddell & Robert Scott, *A Greek-English Lexicon* (Oxford: Clarendon Press, 1996), 1311을 참조하라.
2. 톰 라이트, 『모든 사람을 위한 고린도후서』, 이철민 역 (서울: IVP, 2003), 18-19.

위로는 고통과 절망 가운데 있던 성도가 정서적으로 회복되고 새 힘을 얻는 것 뿐 아니라, 그들이 그 괴로운 상황을 극복할 수 있도록 삶의 새로운 방향과 안목, 목적을 갖도록 하는 포괄적인 말과 행동, 도움을 일컫는다. 의미심장하게도 신약성경에서 이와 같은 위로는 예수 그리스도와 성령님의 복음과 긴밀하게 연결되어 사용된다.

사실 신약성경은 구약성경과 크게 다르지 않은 위로의 양상과 내적 요소들을 보여준다. 예를 들어, 예수님께서는 마태복음 5장 4절("애통하는 자는 복이 있나니 그들이 위로를 받을 것임이요")의 산상수훈에서 애통하는 자들이 받게 될 위로를 선포하였다. 이 본문은 신약성경에 나타난 위로가 애통을 배경으로 표현된다는 사실을 뚜렷이 보여주면서, 그것이 구약성경의 위로 표현과 일맥상통하고 있음을 잘 보여준다. 고린도후서 7장 4, 7, 13절 또한 성도의 위로가 고난과 슬픔의 상황이 변화되어 기쁨과 찬양으로 회복되는 것과 긴밀하게 연결되어 있음을 보여준다. 이런 맥락에서 고린도후서 1장 3-6절에서 사도 바울은 극심한 고통과 시련 가운데 있던 교회에게 성령님의 교통하심 가운데서 그리스도의 구원을 확신하며 서로 풍성한 위로를 나누라고 격려하였다. 데살로니가전서 4장 13-18절에서 데살로니가교회 또한 예수 그리스도의 재림과 그 후 성도의 영광과 영생을 고대하며 서로를 위로하였다. 그러므로 신약 시대의 교회는 성령님의 임재 안에서 예수 그리스도의 구원과 부활, 영생의 복음을 확신하며 소망하는 가운데 서로를 위로하고 격려하였다는 것을 구체적으로 보여준다(롬 15:4; 살후2:16).

또한 신약성경도 다음과 같이 위로의 세 가지 요소를 일관되게 보여준다.

- 성령님의 임재 → 하나님의 임재와 출현
- 예수 그리스도의 죽음과 부활, 영생 → 하나님의 구원
- 교회와 택함 받은 자를 향한 회복 → 언약관계

이 장에서는 누가복음 2장 25절, 사도행전 9장 31절, 고린도후서 1장 3-7절에 묘사된 위로 모티프를 심도 있게 탐구하고자 한다. 이 본문들은 각각 예수 그리스도, 성령님, 그리고 교회를 통해 구현된 위로를 기술한다. 신약성경은 위로에 관한 이러한 기술을 통해 구약성경에서 예언된 위로가 그들 가운데 온전히 성취되었음을 제시한다. 신약 시대의 교회는 어머니 품과 같은 거룩한 공동체로서 풍성하고도 견고한 신적 위로와 그 은혜를 성도들뿐 아니라 세상을 향해서도 구현하였다. 이는 교회를 통해 불안정하고 불확실한 시대를 살아가는 오늘날의 성도들에게도 동일한 위로를 담보한다.

1. 이스라엘과 열방의 위로이신 예수 그리스도(눅2:22-35)

예수님의 유아기 내러티브에 속하는 누가복음 2장 22-35절은 모세의
율법을 따라 정결예식에 참여하는 예수님과 그 부모의 행적을 다룬다.
여기서 저자인 누가는 경건한 유대인을 대표하는 시므온이라는 인물을
통해 예수님의 생애와 구속 사역이 갖는 신학적 의미를 위로의 관점에
서 기술한다. 마치 사가랴가 요한의 일생이 갖는 신학적 중요성을 노래
하였듯이(눅1:68-79), 시므온은 예수님의 성육신과 사역이 갖는 신학적 함
의를 선포한다.

성전에 올라가신 예수님을 기술하는 이 본문은 크게 네 부분으로 나
뉜다.

- 예루살렘 성전으로 올라가는 예수님(22-24절)
- 시므온에 대한 소개(25-27절)
- 시므온이 예수님에 관해 드린 찬양(28-32절)
- 부모의 반응과 이스라엘을 향한 신탁(33-35절)

첫 번째 단락은 율법의 권위에 순종하는 예수님과 그 부모의 모습을
다룬다. 마리아의 품에 안긴 예수님은 모세의 율법을 따라 정결의식에
참여하고 성부 하나님께 드려진다. 프레더릭 J. 머피(Frederick J Murphy)가
잘 밝힌 것처럼, 예수님께서는 "이스라엘에 주신 하나님의 약속들을 성

취하시기 위해 토라를 따르는 유대인으로" 오셨다."³ 예수님에 대한 이야기는 서서히 갈릴리에서 예루살렘 성전으로 이동한다.

두 번째와 세 번째 단락은 경건한 유대인 시므온에 대한 소개와 그의 신앙고백과 찬양을 다룬다. 시므온은 경건한 유대인의 전형이다. 그리고 그는 성령님에 의해 이끌림을 받는 인물이다. 우리는 시므온과 관련된 이 단락에서 신약 시대의 성도들이 기다렸던 위로와 그것의 신학적 근거가 무엇인지 발견하게 된다. 예수님께서는 이스라엘의 위로이실 뿐만 아니라 이방을 비추시는 빛이시다.

끝으로 네 번째 단락은 시므온의 예언과 관련된 이스라엘을 향한 신탁을 다룬다. 이 본문은 다양한 상징과 주제어(칼, 빛, 위로, 구원, 영광)를 통해 누가복음의 그 어떤 본문보다 독자들이 예수님의 생애와 사역을 더욱 구체적으로 이해하도록 돕는다. 예수님께서는 이스라엘과 열방에 많은 사람을 세우거나 폐하시고, 하나님의 구원 사역을 성취하실 왕으로 임하셨다.

누가복음 2장 22-35절에서 위로 모티프는 시므온의 신앙고백과 찬양(25-32절) 속에서 뚜렷이 드러난다. 여기서 위로 모티프는 다음과 같이 두 가지 중요한 신학적 주제를 내포한다.

첫 번째는 예수 그리스도께서 이스라엘이 기다리던 위로의 성취자시라는 것이다. 시므온은 하나님 나라와 이스라엘의 회복을 기다렸던 경건

---

3. 프레더릭 J. 머피, 『초기 유대교와 예수 운동: 제 2 성전기 유대교와 역사적 예수의 상관관계』, 유선명 역 (서울: 새물결플러스, 2020), 722.

한 유대인이었다. 본문에서 세 번이나 강조되었듯이, 그는 성령님의 내주하심을 통해 이스라엘의 위로를 기다리는 자였다(25,26,27절). 시므온만이 아니라 로마의 압제 하에 있던 당시 상황에서 다수의 경건한 자들이 이스라엘의 정치적 독립과 평화를 내포하는 이스라엘의 위로를 기다리고 있었다.[4] 따라서 '이스라엘의 위로'란 아마도 당대 유다 공동체에서 널리 회자되었던 시대정신(Zeitgeist)이었을 수도 있다. 그런데 이것이 좀 더 구체화되어 많은 사람들이 장차 오실 메시아가 그의 통치와 능력으로 이스라엘을 로마의 압정으로부터 독립시킬 것을 소망하게 되었다. 이런 맥락에서 당대의 유대인들에게 이스라엘의 위로란 '메시아의 통치' 또는 '메시아적 희망의 성취'와 긴밀하게 연결되어 있었다.[5]

하지만 누가는 1세기 유다 공동체에서 널리 회자되었던 메시아 대망 사상과 그것과 연결된 '이스라엘의 위로'(눅2:25)를 기독론인 관점에서 새롭게 해석한다.[6] 특히 많은 유대인들이 예수님을 메시아로 인정하지 않던 종교적·시대적 상황에서, 누가는 예수님의 등장과 사역이 그들이 기다려 왔던 바로 그 위로의 성취라는 것을 설득시키기 위해 적어도 세 가지 방식을 사용한다.[7] 그중 첫 번째 방식은 예수 그리스도를 모세의 율법의 권위 아래 있는 참 유대인으로 묘사하는 것이다. 유아기 내러티브

---

4. 로마에 대한 유대인의 저항 운동에 대해서는 머피, 『초기 유대교와 예수 운동』, 435-704를 보라.

5. P. D. Akpunonu, *The Overture of the Book of Consolations (Isaiah 40:1-11)* (New York: Peter Lang Publishing), 77; G. Braumann, "παρακαλέω" in NIDNTT. Vol 1, 570.

6. G. Braumann, "παρακαλέω" in *NIDNTT*. Vol 1, 570.

7. 머피, 『초기 유대교와 예수 운동』, 718.

는 상세하게 예수님을 모세 율법을 따르는 참 유대인으로 묘사한다. 예를 들어, 누가복음 2장 22-24절은 예수님의 정결예식과 관련하여 모세의 율법과 규례를 세 번씩이나 강조하는데, 곧 정결예식을 지킴(22절), 팔일 만에 할례 받음(23절), 그리고 비둘기 제사를 드림(24절)이다. 누가는 이런 서술방식을 통해 예수님께서는 율법의 권위를 따르시는 참 유대인이시자 메시아의 자격을 갖추신 분임을 논증하였다.

두 번째 방식은 예수 그리스도를 하나님의 영, 즉 성령님을 받으신 분으로 묘사하는 것이다. 유아기 내러티브에서 예수님께서는 율법에 대한 강조뿐 아니라 성령님의 임재를 받으신 분으로 등장한다. 이스라엘의 위로를 다루는 본문의 앞뒤에 누가는 의도적으로 예수님과 성령님의 임재를 연결시켜 소개한다. 즉 성령님에 의해 잉태되심(눅1:35)과 성령님의 기름부으심을 통한 공적 사역의 시작(눅3:22)이다. 구약성경의 전통에서 메시아는 하나님의 영의 임재와 권능을 통해 공의와 정의를 확립하고 하나님의 나라를 건설하는 분이다(사11:1-5; 42:1-4; 61:1-3). 따라서 누가는 의도적으로 예수 그리스도를 성령님을 받으신 분으로 강조함으로써, 그분께서 이스라엘이 기다렸던 메시아시자, 나아가 이스라엘의 위로를 성취하실 분이라고 제시하는 것이다.

세 번째 방식은 이사야서 예언의 성취로서 예수 그리스도께서 이스라엘의 위로를 성취하시는 분이라고 증언하는 것이다. 누가는 유아기 내러티브에서 이사야서의 헬라어 역본을 자주 인용하거나 인유하였다. 코트(Bart J. Koet)는 그의 연구 "누가복음-사도행전에 인용된 이사야"에서

"누가가 복음서의 서사 구조에서 주요한 위치를 차지하는 곳에 이사야서를 인용함으로써 두 성경 작품(누가복음과 사도행전)의 구조에 이사야서를 정밀하게 직조하여 넣었다."라고 주장하였다(참조. 눅3:4-6; 4:18-19; 19:28-48; 22:37; 행7:48-49; 13:14-52; 28:25-27).[8] 즉 누가는 누가복음-사도행전의 메시지를 발전시키기 위해 하나의 신학적 설계도로서 이사야서를 활용하였다는 것이다. 특히 누가복음 2장 22-35절에서 이사야서 인용과 인유가 매우 풍성하다.

예를 들어, 25절의 '기다리다'라는 단어는 이사야서에서 경건한 남은 자들을 지칭할 때 자주 사용되었던 용어다(사25:9; 30:18; 40:31). 30절의 '구원' 또한 이사야서의 핵심을 이루는 신학 사상이고(사40:5; 42:6; 46:13; 49:6; 52:10; 56:1; 60:1), 32절의 '이방을 비추는 빛'도 이사야 49장 6절에서 하나님의 종을 통해 이방 땅에 성취될 구원을 인유한다. 의미심장하게 25절에서 다루는 '위로'는 이사야서 메시지의 골격을 이루는 대표적인 주제이고, 이스라엘과 열방에 성취될 종말론적 회복과 구원을 묘사한다(12:1-2; 40:1-11; 49:13; 51:3; 61:1-3; 66:10-14). 이 위로는 고통과 슬픔 가운데 있던 이스라엘과 온 열방을 향한 하나님의 궁극적인 계획이었고, 이사야서의 예언에 의하면, 하나님의 영을 받은 메시아의 대속 희생과 죽음, 그리고 선포와 사역을 통해 성취되는 것이었다(사48:16; 61:1-62:12). 그런데 누가는 예수님을 이사야서에 예언되었던 메시아로 묘사함으로써, 예수님이 이

---

8. Bart J. Koet, "Isaiah in Luke-Acts," in *Isaiah in the New Testament*, ed by Steve Moyise and Maarten J. J. Menken (London: T&T Clark, 2005), 80.

스라엘이 기다려왔던 그 위로를 성취하시는 분임을 함께 증언한다.[9] 즉 누가는 이사야서 본문을 활용하여 그의 독자들에게 "예수님께서는 누구신가?" 그리고 "그분의 사역은 무엇인가?"에 대한 정확한 해답을 제공하고 있는 것이다.[10] 다시 말해, 예수 그리스도께서는 이사야서에 예언되었던 하나님의 아들 메시아시고, 그분을 통해 이스라엘과 열방은 신령하고도 초월적인 위로를 경험하게 될 것이다.

두 번째 신학적 주제는 예수 그리스도께서 성취하실 위로는 이스라엘과 열방의 구원을 내포한다는 것이다. 그렇다면 이스라엘이 오랫동안 기다려 온 그 위로는 무엇이고, 그 근거는 무엇인가? 그 근거는 바로 예수님께서 성취하실 이스라엘과 열방의 구원이다. 그리고 이것이야말로 이스라엘뿐 아니라 온 인류의 진정한 위로이다. 시므온은 아기 예수님을 보면서 하나님의 구원을 보았다고 찬양한다. 이 찬양을 통해 "시므온은 이사야가 예언한 열방에 임할 구원(새출애굽)이 하나님의 종이자 빛이신 예수님에 의해서 성취됨을 찬송"하고 있다(30절).[11] 예수 그리스도를 통한 그 구원의 도래는 시므온이 전 생애를 통해 기다려온 이스라엘의 위로이자, 열방이 고대하였던 위로의 성취이다. 여기서 눈여겨보아야 할 것은 누가는 구원을 직접적으로 의미하는 명사 '소테리아(*soteria*)'

---

9. 송영목, "누가복음 1-2장의 세 찬송이 한국 교회의 찬송에 주는 함의," 「교회와 문화」 26 (2020), 184-87; 참조. 김영종, "성령과 새출애굽: 누가복음 1-2장에 나타난 성령 언급 본문을 중심으로," 「신약논단」 24 (2017), 271-305.

10. Koet, *Isaiah in Luke-Acts*, 99.

11. 송영목, "누가복음 1-2장의 세 찬송이 한국 교회의 찬송에 주는 함의," 187.

210　모든 슬픈 자들을 위한 위로

가 아니라, 약간 다른 형태의 '소테리온(soterion)'을 사용하고 있다는 점이다. 이 단어는 '구원의 수단' 또는 '구원과 관련된 것'을 의미한다.[12] 즉 시므온은 아기 예수님을 통해 하나님께서 이스라엘과 열방을 위해 성취하실 종말론적 구원의 전부(whole)와 성취(accomplishment)를 내다보고 있는 것이다.

그러면 예수 그리스도께서 성취하실 구원에는 어떤 신학적 함의가 내포되어 있을까? 이 질문에 대한 실마리는 근접 본문인 누가복음 4장 16-21절과 2장 31-32절에서 찾을 수 있다. 먼저, 누가복음 4장 16-21절은 회당에서 공생애를 시작하시던 예수님께서 장차 성취하실 다양한 구원 사역과 결과들을 선포하신 사명 선언문이다. 이 본문은 누가가 이사야 61장 1-3절의 헬라어 본문을 인용한 것으로서, 예수님께서 메시아로서 각종 억압과 고통, 슬픔으로부터 그분의 백성을 해방하시고, 삶의 진정한 자유와 치유, 은혜를 제공하는 희년을 선포하시는 것을 언급한 것이다. 여기서 예수님의 상(像)은 '경제적, 사회적, 영적으로 포로 되고 눌린 자에게 자유를 선포'하시고, 포괄적으로 하나님의 백성에게 희년의 회복과 새 창조를 성취하시는 분이시다.[13]

무엇보다도 누가는 예수님의 공적 사역을 가난한 자에게 복음을 전

---

12. 조엘 그린, 『누가복음』, 강대훈 역 (서울: 부흥과개혁사, 2020), 211.

13. 권종선, "누가복음의 서사적 기독론," 「복음과 실천」 31 (2003), 25.(이사야서의 구조에서 61:1-3 에 등장하는 여호와의 종은 이사야 53:1-12의 메시아의 삶과 인격과 사역을 본받는 제자로 묘사되고 있다. 신약의 저자 누가는 이사야 53장의 메시아의 모습 뿐 아니라 이 장의 여호와의 종의 사역 또한 예수 그리스도를 통해 성취되었다고 기술하고 있다.)

하는 것으로 설명한다. 당시 가난한 자는 1세기 모든 소외 받은 자들(경제적으로 가난한 자, 사마라아인, 이방인, 여자, 범죄한 죄인)을 대표하는 용어인데, 누가복음에서는 그들을 '모든 것에 의해 포로 되었던 자들'로 일컫는다.[14] 누가복음 전체 메시지에서 예수님의 구원 사역은 그분의 대속 죽음을 통해 백성의 죄를 사하는 것뿐 아니라, 다양한 삶의 고통과 억눌림, 질병, 귀신들림에서 그들을 자유케 하는 것이었다.

다음으로, 누가복음 2장 31-32절은 "이는 만민 앞에 예비하신 것이요 이방을 비추는 빛이요 주의 백성 이스라엘의 영광이니이다"라는 구절에서 구원 사역의 의미를 찾을 수 있다. 앞서 다루었듯이, 이 구절에서 '이방을 비추는 빛'은 이사야 49장 6절("너를 이방의 빛으로 삼아 나의 구원을 베풀어서 땅 끝까지 이르게 하리라")에 등장하는 메시아의 사역을 직접적으로 인유한다. 한편 이사야 49-55장에서 메시아는 다음과 같이 크게 세 가지 사역을 성취한다.

- 대속 죽음을 통해 이스라엘 백성의 죄를 사하시는 사역(사40:1-2; 53:1-12)
- 새출애굽을 성취하시는 사역(사40:9-11; 49:1-26)
- 이방의 빛으로서 열방에 구원을 성취하시는 사역(사42:6; 49:6).

이사야서에서 메시아는 자신의 대속 희생과 죽음을 통해 백성들이

---

14. 고든 피, 『성령이 들려주시는 하나님의 말씀』, 조원봉 역 (서울: 좋은씨앗, 2000), 229.

죄 사함을 받고 의로운 백성이 되도록 이끌었다. 그때 시온 백성들은 영의 임재와 함께 언약 말씀을 행하는 거룩한 백성으로 성화되어 예배를 드릴 뿐 아니라 무너진 곳을 재건하는 다양한 사역을 성취하게 되었다 (사61-62장). 메시아의 사역을 통한 이와 같은 시온의 구원과 영광은 이스라엘의 경계를 넘어 열방의 구원까지 성취하기에 이른다. 그런데 누가는 예수 그리스도께서 이사야서에 예견된 바로 그 메시아시고, 그분의 존재와 사역을 통해 이스라엘과 온 열방이 참된 구원을 경험하게 될 것을 내다보고 있었다.

즉 누가복음 2장 31-32절은 예수님의 사역을 통해 온 인류가 죄와 사망에서 구원받고, 그들의 삶이 어둠과 슬픔, 저주 등 각종 억압과 갇힘에서 해방되는 존재론적이면서 포괄적인 구원을 예견하고 있는 것이다. 당대의 유다 공동체는 메시아의 도래와 함께 이스라엘에 정치적·물리적 해방이 실현될 것을 고대하였다. 반면, 누가는 그의 기독론을 통해 예수님의 등장과 사역이 온 인류를 죽음에서 구속하는 존재론적·종말론적 구원의 성취라는 것을 알린다(사52:13-53:12; 눅23-24). 하나님께서는 구속사를 통해 이 구원을 성취하고자 하셨다. 그리고 누가는 예수 그리스도의 등장이 인류 구원의 시작과 함께 '하나님의 위로가 성취되는 새 시대'의 도래라는 것도 알린다.[15]

하이델베르크 요리문답은 예수 그리스도께서 성취하신 신령한 위로

---

15. 조엘 그린, 『누가복음』, 211.

의 의미를 심도 있게 설명한다. 총 129문으로 구성된 하이델베르크 요리 문답은 죄악으로 인해 사탄과 죽음의 종노릇하는 인간의 비참함과 슬픔을 상세하게 다룬다. 그리고 성도가 그리스도를 통해 경험하게 되는 영혼의 구원과 그 놀라운 은혜에 토대를 둔 견고한 위로를 제시한다. 하이델베르크 요리 제1문답에서는 그 위로를 다음과 같이 말한다.

<1문> 사나 죽으나 그대의 유일한 위로는 무엇입니까?
답: **사나 죽으나 나의 몸도 영혼도 나의 것이 아니요 나의 신실하신 구주 예수 그리스도의 것입니다.** 그는 그의 **보혈로 나의 모든 죗값을 다 치르셨고** 나를 마귀의 모든 권세에서 구원해 내셨으며, 하늘에 계신 나의 아버지의 뜻이 아니고서는 머리털 하나도 떨어질 수 없도록, 과연 모든 것이 합력하여 **나의 구원을 이루도록**, 그렇게 나를 보존시켜 주십니다. 그러므로 그는 그의 **성령으로 말미암아 나로 하여금 영생을 확신하게 하시며**, 이제부터 그를 위하여 살기를 진정으로 바라도록 만드시고 또한 그렇게 살 준비를 갖추도록 만드십니다.

하이델베르크 요리문답의 제1문은 성도가 예수 그리스도를 통해 경험하게 되는 신령하고 견고한 영적 위로를 소개한다. 이 위로는 하나님과의 관계가 단절된 채 유기된 인간 존재의 절대적 고독과 절망, 그리고 죄악과 사탄의 권세아래 놓인 인간의 비참함과 죽음에 대한 인식에서 시작된다. 이는 죄인된 인간의 '모든 비참한 현실의 근원'이다.[16] 그때 예수님께서는 그분의 핏값으로 인간의 죄를 사하시고, 대속 죽음으로 인류의 운명을 사망과 흑암에서 생명과 빛으로 구속하셨다. 그때부터 성도는 더 이상 자신의 것이 아니요 그리스도의 것이 되어 아버지께 받은 사랑과 위로에 감격하며 그분의 나라를 위해 살아가게 된다.

결론적으로 누가복음 2장 25절은 예수 그리스도께서 오랫동안 기다려왔던 이스라엘의 위로이심을 선언한다. 그분께서는 이사야서에 예언된 메시아의 성취로서, 십자가에서 인류의 모든 죄를 사하시고, 죽음과 사탄의 권세로부터 인류를 구원하시는 유일한 구원자시다(사52:13-53:12). 그분께서는 인간의 운명을 하나님과 원수된 자에서 사랑받는 아들로 변화시키심으로써, 인류에게 유일하고도 근원적인 위로를 제공하신다. 성령님께서는 성도의 마음속에 이런 놀라운 사실, 즉 "우리가 하나님의 사랑을 받는 자들이고, 영원토록 구원받은 자들이라는 것"을 확신시키심으로써, 이 땅에서 그리스도 안에 계시된 풍성하고도 견고한 위로를 경험할 뿐 아니라 삶과 죽음을 초월하여 흔들림 없는 위로를 간직하게 하신다.[17]

---

16. 자카리아스 우르시누스, 『하이델베르크 요리문답 해설』 원광연 역 (서울: 크리스천다이제스트, 2021), 63.
17. 우르시누스, 『하이델베르크 요리문답 해설』, 63.

2. 성령의 임재를 통한 위로(행9:31)

사도행전 9장 31절은 성령님의 임재와 사역을 통한 초대 교회의 위로를 다룬다. 이 본문은 이사야서에 예견되었던 영의 임재를 통한 시온 공동체의 위로가 교회 가운데서 성취되는 것을 잘 보여준다.

사도행전 9장 31절은 사도행전의 세 번째 주요 단락(행6:8-9:31)을 요약하는 진술문(summary statement; 참조. 행6:7)에 해당한다. 이런 진술문은 이전까지의 메시지를 요약할 뿐 아니라 다음 단락에 진술될 내용을 소개하는 문학적 가교(literary bridge) 역할을 수행한다.[18] 이 본문이 요약한 사도행전 6장 8절-9장 31절의 메시지는 스데반 집사의 복음전도와 순교(6:8-7:60), 빌립의 사마리아 전도(행8:1-14), 에디오피아 내시 전도(8:26-40), 교회를 향한 사울의 극심한 핍박(8:1-3), 그리고 바울의 회심과 복음전파(9:1-30)를 기술한다. 반면, 이 본문 이후 사도행전 10장은 이방인 고넬료의 성령 받음과 교회의 확장을 묘사한다.

이런 흐름 속에서 사도행전 9장 31절은 외적인 핍박과 고통에도 불구하고 성령님의 임재와 권능 가운데 초대 교회가 온 유대와 갈릴리, 사마리아 지역까지 복음을 확장하며 경험하는 신령한 위로를 진술한다. 무엇보다도 이 요약문은 초대 교회의 두 가지 본질적인 영적 특성을 보여준다. 하나는 주를 경외함이고, 다른 하나는 성령님의 위로이다. 즉 초대

---

18. David G. Peterson, *The Acts of the Apostles* (Grand Rapids: Eerdmans Publishing Company, 2009), 317.

교회는 외적 핍박이나 박해를 두려워하는 것이 아니라 하나님을 두려워하는 영적 성숙을 견지하였다. 아울러 이와 같은 영적 성숙과 양적 성장은 교회 가운데 임재하였던 성령님의 위로에 기인하였다. 이런 맥락에서 사도행전 9장 31절에서 '성령님의 위로'를 강조하는 것이다.

사도행전에서 성령님께서는 교회의 탄생과 성숙, 부흥을 이루신다. 학자들은 사도행전의 성령님과 관련하여 크게 두 가지 중요한 문제를 논의하였는데, 하나는 구원론적 관점에서, 성령 세례(Spirit-Baptism)와 중생의 관계이고, 다른 하나는 선교론적 관점에서, 예언적·은사적 능력 부어줌과 '두 번째 축복(second-blessing)'의 관계이다.[19] 그런데 사도행전에 기술된 성령님의 사역을 면밀히 연구하면, 이 둘의 관계가 서로 배타적으로 나뉘지 않는다는 사실을 알 수 있다. 구체적으로 성령님께서는 오순절 다락방에 모인 120명의 성도들과 택함 받은 유대인들에게 강력하게 임하셨다. 그리고 그들의 죄 사함과 구원을 성취하셨다(2:1-38). 그 후 성령님께서는 인종적·종교적 장벽을 뛰어넘어 이스라엘뿐 아니라 사마리아와 이방인들에게도 임하시어 모든 지역의 택함 받은 하나님의 백성들이 표적과 기사, 병 고침을 경험하고 구원을 경험하도록 도우셨다. 그

---

19. 첫 번째 견해는 James. D. G. Dunn, *Baptism in the Holy Spirit* (London: SCM Press, 1970)과 M. Turner, "The 'Spirit of Prophecy' as the Power of Israel's Restoration and Witness," in I. Marshall and D. Peterson, eds., *Witness to the Gospel: The Theology of Acts* (Grand Rapids: Eerdmans, 1998), 327-48에 의해 지지된다. 두 번째 견해는 R. Stronstard, *The Charismatic Theology of Saint Luke* (Peobody: MA: Hendrickson, 1984)와 R. Menzies, *Empowered for Witness: The Spirit in Luke-Acts*, JPTS 6 (Sheffield: Sheffield Academic Press, 1991)에 의해 지지된다.

러므로 사도행전에서 성령님의 사역은 교회와 관련하여 분명 구원론적인 함의를 갖지만, 또한 지리적이고 인종적인 장벽을 넘어서는 선교적함의를 동시에 공유한다.[20] 성령님께서는 교회를 통해 '구원의 우주적확장'을 성취하심으로써 이 땅에 하나님 나라를 구현하신다.

성령님의 사역에 대한 이와 같은 구도 속에서 사도행전 9장 31절에 명시적으로 언급된 '성령님의 위로'는 우리의 주의를 사로잡기에 충분하다. 과연 성령님의 위로는 문법적으로, 의미론적으로 무엇을 뜻하는 것일까? 성령님의 위로는 성령님께서 초대 교회에 부여하셨던 신령한 '격려'를 의미한다. 잠시 문법적으로 살피면, '성령님의 위로'라는 문구는 헬라어로 τῇ παρακλήσει τοῦ ἁγίου πνεύματος(테 파라클레세이 투 하기우 프뉴마토스)인데, 여격 단수 명사 '위로(τῇ παρακλήσει)'와 그것을 꾸미는 소유격 '성령님의(τοῦ ἁγίου πνεύματος)'로 구성되어 있다. 여기서 성령님을 주격 소유격으로 해설하면, 이 어구는 '성령님께서 교회에 주시는 위로' 또는 '성령님에 의한 위로'로 해석된다. 어떤 방식으로 해석하든 이것은 성령님께서 초대 교회 성도들에게 큰 위로가 되셨을 뿐 아니라, 큰 위로를 주셨음을 함의한다.

의미론적으로 '위로(παράκλησις, 파라클레시스)'라는 단어는 사도행전 9장 31절 외에 사도행전에서 세 번 더 등장한다(4:36-37; 13:15; 15:31). 흥미롭게도 한글 번역본과 몇몇 영어 번역본들(NIV, NASB, ESV)은 사도행전 13장

---

20. 심상법, "사도행전에 나타난 성령과 화해와 일치", 『성서학 학술세미나』 (서울: 한국신학정보연구원, 2007), 444.

15절과 15장 31절의 '위로'를 '격려' 또는 '후원'으로 번역한다. 즉 상당수의 번역자들은 성령님의 위로를 성령님께서 당시 초대교회에 주셨던 격려나 후원으로 이해하였다. 특히 사도행전 4장 36-37절은 위로의 의미를 잘 보여준다. 당시 초대교회 성도들은 자신의 재산과 소유를 팔아 각 사람의 필요를 따라 나눠주었다(2:43-47; 4:32-37; 6:1). 그들 중 경건한 사람인 바나바가 구제의 사역을 열심히 감당하였는데, 그의 이름의 뜻이 바로 '위로의 아들'이었다. 여기서 위로의 의미가 조금 더 명확히 드러나는데, 바나바는 개인의 땅과 물건을 팔아 가난한 자들과 고통 가운데 있던 자들을 위로한 대표적인 인물(model)이었다. 그렇다면 여기서 '위로'는 자신의 재산과 땅을 팔아 핍박과 가난, 고통 가운데 있는 자들을 격려하고 후원하는 것을 다분히 내포한다고 볼 수 있다. 이런 관점에서 볼 때, 사도행전 9장 31절에 나타난 '성령님의 위로'는 성령님께서 당시 핍박과 고난 가운데 있던 초대 교회의 성도에게 부여하셨던 영적·사회적 격려와 후원을 의미한다.

사도행전은 당시 성령님께서 수행하신 다양한 사역들을 보여준다. 오순절 성령강림 이후, 성령님께서는 초대 교회에 다양한 표적과 기사, 치유가 성취되도록 이끄셨고, 귀신과 얽매임이 떠나며 궁극적으로 부활 생명과 구원이 유대와 사마리아, 땅 끝까지 확장되도록 주도하심으로써, 하나님의 통치가 이 땅에 임하도록 역사하셨다. 이러한 성령님의 사역을 통해 당시 초대 교회는 더 없이 크나큰 기쁨과 격려를 누릴 수 있었고(행8:8), 또한 세상이 흔들 수 없는 위로를 제공하였다.

그렇다면 좀 더 구체적으로 성령님의 위로는 어떤 신학적 함의를 내포하는가? 크게 두 가지 중요한 함의가 있다.

첫째, 성령님의 위로는 하나님 나라의 도래와 함께 초대 교회에 임한 구원에서 기인한다. 사도행전은 전체적으로 당시 초대 교회가 극심한 핍박과 고통 가운데 있었음을 알려준다. 예를 들어, 스데반 집사가 죽임을 당함(행7:54-60), 회심 전 바울이 교회를 핍박함(행8:1-3), 회심 후 바울이 고난을 받고 쫓김 등이다. 이런 상황에서 초대 교회는 마땅히 큰 두려움과 시련 가운데 위축되고 불안해하는 것이 당연했다. 하지만 의미심장하게도 사도행전의 진술에 의하면, 초대 교회는 이러한 외적인 핍박과 고난에도 불구하고 성령님께서 허락하시는 큰 기쁨과 위로를 경험하였다(행8:8, 9:31; 참조. 행2:46-47).

그러면 성령님께서 초대 교회에 허락하신 내적인 위로는 어디에서 기인하는가? 그것은 초대 교회에 도래한 하나님 나라와 함께 성령님께서 성취하신 성도의 구원에서 기인한다. '하나님 나라(Βασιλεία του Θεού, 바실레이아 투 데우)'는 사도행전의 시작과 끝을 장식하며 문학적 인클루시오를 형성한다(행1:3; 28:31). 신약성경에서 하나님의 나라란 그분의 백성을 향한 왕이신 하나님의 '은혜로운 통치' 또는 하나님의 '주권적 권위와 통치'를 의미한다.[21] 이미 복음서에서 예수님의 지상사역을 통해 '하나님 나라'가 도래하였는데, 이는 크게 다음과 같이 세 가지 뚜렷한 양

---

21. 김정훈, "사도행전도 '하나님 나라'의 관점에서?: 행 1:1-8연구," 「헤르메니아투데이」 14 (2000), 71; 조지 래드, 『하나님 나라』 (서울: 크리스천다이제스트, 2016).

상을 보인다.[22]

- 예수님의 역동적 권능과 축귀사역(마12:28-29; 막1:23-28; 6:7; 눅10:17-18; 11:21-22)
- 예수님의 다양한 사역을 통한 신적 활동(마3:12; 11:20-24; 18:6; 23:33; 25:34,41; 막3:29; 눅10:13-15)
- 성도와 만물의 구원 성취(마11:12; 21:31; 막12:34; 눅11:52; 16:16)

의미심장하게도 부활 후 예수님께서는 이 땅에 거하신 40일 동안 여전히 '하나님 나라'의 일을 제자들에게 가르치셨고, 교회를 통해 그 나라가 성취되어야 할 것을 명령하셨다(행1:8; 28:31; 롬14:17; 고전4:20; 6:9-10; 15:50; 갈5:21; 골4:11; 살후1:5; 약2:5). 이와 같은 놀라운 하나님 나라의 계획은 그 후 몇 날이 지나지 않아 오순절 성령 강림을 통해 교회 가운데서 구현되었다. 처음에 베드로에게 임하신 성령님께서 교회의 성도들에게 임하셨고, 이로 말미암아 그들이 구원 받은 제사장이 되어 다양한 사역을 감당함으로써 하나님 나라가 그 시대 이스라엘 땅에 건설되었다. 예를 들어, 성령님께서 교회를 핍박하던 사울을 회심시켜 그를 이방의 사도가 되도록 하셨다. 교회는 성령님의 임재와 사역을 통해 다양한 표적과 치유를 경험할 뿐 아니라 더러운 귀신을 쫓아내는 권능을 소유하게 되었다(행2:43-

---

22. 조지 래드(G. E. Ladd)에 의하면, "하나님 나라는 하나님의 구속적인 통치로서 예수님 자신과 그의 행위(사역)와 말씀 속에 임재해" 있었다. 『하나님 나라』, 207를 참조하라.

47; 4:30-37; 8:4-8). 성도들이 성령님의 음성을 들으며 서로 물건을 통용하고 재산과 소유를 나눠줄 때, 교회는 세상에 풍성하고도 신령한 위로를 제공하는 거룩한 공동체로 우뚝 솟게 되었다(행2:43-47; 4:32-37).

한편 성령님께서는 예수 그리스도께서 십자가를 통해 성취하신 구원을 내적으로 교회에 적용하심으로써 교회의 위로를 구현하셨다. 뿐만 아니라 그리스도의 충만하심이 교회 내에 거하도록 역사하심으로써 성도들에게 그리스도의 구원이 실재가 되도록 적용하셨다. 성도와 교회가 그리스도의 장성한 분량에까지 자라도록 내적으로 일하셨다.[23] 특히 교회의 위로와 관련하여 성령님께서는 부활의 영으로 임하셔서 죄악의 몸과 소욕이 다스리던 옛 사람이 예수님과 함께 십자가에 못 박히게 하시고, 더 이상 죄악에 종노릇하지 않는 자유인이 되도록 하셨다(롬6:6). 부활의 새 생명과 원리를 성도에게 적용하심으로써 그/그녀가 새 사람이 되도록 일하셨다(롬6:1-11; 8:1-11).

따라서 예수님을 죽은 자 가운데서 살리신 생명의 성령님께서는 그리스도의 충만하심으로 교회 가운데 거하시어 성도가 다양한 고통과 어려움, 즉 환란과 곤고, 박해, 기근, 슬픔에서 다시 일으킴을 받도록 일하신다. 이는 그리스도의 부활 생명이 성도의 삶에 새 창조의 원리로 작용하는 것이다. 그때 성도는 모든 고난을 넉넉히 이길 뿐 아니라 그의 신앙 여정을 통해 하나님께서 그리스도를 통해 주시는 모든 위로를 누리

---

23. 헤르만 바빙크, 『개혁교의학 3』, 박태현 역 (서울: 부흥과개혁사, 2011), 712.

게 된다(롬8:31-39). 궁극적으로 종말의 때에 성령님께서는 성도의 죽은 몸
도 다시 살리시고 모든 만물을 새롭게 창조하실 것이다(롬8:11). 따라서
초대 교회는 극심한 핍박과 시련에도 불구하고 부활 생명의 권능과 힘
으로 임하신 성령님의 강력한 임재와 사역을 통해 큰 기쁨과 위로를 누
릴 수 있었다(행8:4-24).

둘째, 성령님의 위로는 복음의 확장을 통한 새 이스라엘의 건설을 성
취한다. 사도행전에서 성령님께서는 창조와 구원의 영이시지만, 또한 그
구원을 땅 끝까지 확장시키시는 선교의 영이시다. 이사야 42장 6절과
49장 6절에서 시온이 이방이 빛이 될 것이라는 구원 선포는 사도행전에
서 성령님의 사역과 함께 새 이스라엘인 교회를 통해 성취된다. 사도행
전에서 성령님의 사역은 크게 네 번의 분기점을 이룬다.

첫 번째 분기점은 사도행전 2장 1-13절인데, 여기서 성령님께서 이 땅
에 처음으로 구속사적으로 임하신다.[24] 승천하신 예수님께서는 성부 하
나님께 성령님을 받아 이 땅에 그분을 보내셨다. 이때 오순절 다락방에
모인 120명의 성도는 성령님의 강림과 함께 최초의 교회로 탄생되었다.
두 번째 분기점은 사도행전 8장 1-17절인데, 여기서 각 지역에 흩어진 성
도들과 빌립이 사마리아 성에 복음을 전파할 때, 그 성의 사람들이 성령

---

24. "성령님께서 구속사적으로 임하셨다"라는 표현은 성령님께서 구약시대에 모세를 통해서 이스
라엘 백성에게 율법이 주어질 때나(출19:16-19), 엘리야에게 말씀하실 때(왕상19:11,12)와 같이
구속사의 중요한 진전을 이루는 하나의 사건으로서 성령님께서 신의 현현(Theophany) 가운
데 임재하셨다는 의미를 내포한다. 자세한 내용은 이승구, 『성경신학과 조직신학』 (서울: SFC,
2018), 282을 참조하라.

님의 세례를 받게 된다. 이때를 기점으로 역사적으로 원수였던 유다와 사마리아가 하나님 나라의 한 백성으로 회복된다. 세 번째 분기점은 사도행전 10-11장으로, 여기서 이방인 고넬료가 성령님의 임재를 경험하게 되는 '이방인 오순절 사건(Gentile Pentecost)'이 일어난다. 이때 성령님의 권능 있는 강림으로 당시 유대인과 이방인 사이에 있던 차별과 분리가 화해와 연합으로 변화된다. 끝으로 네 번째 분기점은 사도행전 19장 1-6절로, 여기서 사도 바울이 에베소에 있던 제자들에게 안수할 때 성령님께서 이방 땅에 강림하신다. 이때 이방 땅에 있던 제자들도 방언과 예언을 하고, 궁극적으로 하나님 나라가 임하는 역사가 일어난다. 전체 사도행전의 말씀에서 보면, 오순절에 임한 "성령으로서의 세례는 **반복되지 않았고**, 후에 사마리아(행8장)와 이방인들에게(행10-11장), 그리고 에베소의 요한의 제자들에게(행19:1-6)까지 **확대되었다.**"[25]

의미심장하게도 성령님의 임재와 함께 초대 교회 가운데 성취된 회개, 죄 사함, 복음의 확장, 그리고 초대 교회의 부흥과 확대는 새 이스라엘의 재건을 내포한다. 이것은 당시 경건한 하나님의 백성들이 오랫동안 기다려왔던 소망이 성취된 것이다. 이와 관련해 데이비드 파오(David W. Pao)는 사도행전의 전체 메시지는 이사야서의 새출애굽 모티프를 기초해 새 이스라엘이 재건(reconstitution of the New Israel)되는 과정을 기술한 것이라고 설득력 있게 주장하였다.[26] 또한 그는 이사야 40-55장에서

---

25. 이승구, 『성경신학과 조직신학』, 283. 굵은 글씨는 원 저자의 글임.
26. David W. Pao, *Acts and the Isaianic New Exodus* (Grand Rapids: Baker Academic, 2000).

이스라엘의 회복을 내포하는 여섯 개의 주제들(이스라엘의 재확립, 이스라엘의 포로민들이 돌아옴, 성령님의 공동체, 다윗 왕국의 재확립, 회개와 주께로 돌아감, 버림받은 자들이 돌아옴)이 모형론적으로 사도행전에서 성취되었다고 논증하였다. 구체적으로 오순절에 성령님께서 임하신 구속사적 사건은 말세의 때에 성령님의 임재하심과 함께 새로운 구원의 시대가 도래한 것을 의미한다. 사도행전 1장 12-26절에서 가룟 유다를 대신해 맛디아를 뽑고 열두 사도의 숫자를 채운 것은 이스라엘의 열두 지파가 회복된 것을 암시한다. 즉 '이스라엘의 회복이 시작된 것'이다.[27]

그런데 특히 주목해야 할 부분은 사도행전 8장에서 흩어진 성도들과 빌립이 사마리아에 복음을 전파할 때, 그곳에 다양한 성령님의 표적과 치유가 일어난 것이다. 이는 사마리아 지역에도 성령님의 사역과 함께 하나님의 나라가 도래했음을 뜻한다. 사도행전 1장 8절은 복음이 전파되어야 할 지역의 순서를 의도적으로 예루살렘, 온 유다와 사마리아, 그리고 땅 끝으로 지명한다.[28] 이스라엘의 역사를 볼 때, 북 이스라엘의 수도였던 사마리아는 남 유다와 오랫동안 경쟁관계에 있었다. 그런데 사도행전 8장에서는 오랫동안 분열되었던 북 이스라엘의 수도 사마리아에 성령님께서 임하시고, 그 성의 사람들이 하나님 나라 백성에 포함된다.

---

27. Pao, *Acts and the Isaianic New Exodus*. 125.
28. 파오는 복음이 전파되는 순서가 예루살렘, 온 유다와 사마리아, 땅 끝으로 나타난 것은 단순히 여러 지역을 나열한 것이 아니라, 하나의 도시(one city), 두 지역(two regions), 그리고 이방 지역(Gentiles)으로 구성된 이사야서의 새출애굽이 지닌 세 가지 범주를 보여준다고 말한다. Pao, *Acts and the Isaianic New Exodus*. 127과 chapter 3을 참조하라.

즉 사마리아인들이 회심함으로써 오랫동안 분열되었던 두 왕국이 하나로 연합되고, 궁극적으로 새 이스라엘로 재건된 것이다.[29]

이상의 신학적 내용을 배경으로, 당시 외적인 핍박과 극심한 고난과 슬픔 가운데 있으면서도 초대 교회는 오히려 강력한 성령님의 사역을 통해 남 유다와 북 이스라엘이 새 이스라엘로 재건되는 획기적인 구속사적 진전을 이루었다. 이것은 구원의 복음이 온 열방에 전파되기 위한 기초가 놓이는 것이요, 주님의 백성 가운데 새 나라가 건설되는 획기적인 회복을 내포한다. 누가는 여기서 하나님께서 이방인에게도 성령님을 부어주신 새로운 구원 사역, 즉 '기독교 보편주의적 성령론(Christian universalistic pneumatology)'을 강조한다.[30] 당시 초대 교회는 유대 자민족 중심주의(Jewish Ethnocentrism)를 굳게 신뢰하였다. 하지만 그들은 당시 성령님의 일하심을 눈으로 보면서, 하나님께서 이방인들에게도 성령님을 부어 주신 것을 인정하지 않을 수 없었다.

따라서 누가는 사마리아 성에 강력하게 임하신 성령님의 사역에 근거해 당시 초대 교회의 통념을 깨는 획기적인 성령론을 강조한 것이다. 성령님께서는 사마리아인들뿐 아니라 이방인들까지 거룩한 교회 안으로 들어오게 하심으로써, 종족과 성, 사회적 지위 등 모든 장벽이 허물어진 새로운 공동체, 즉 새 이스라엘 왕국이 이 땅에 건설되도록 일하셨다.

---

29. Pao, *Acts and the Isaianic New Exodus*. 128.

29. Pao, *Acts and the Isaianic New Exodus*. 128.

30. 최흥식, "사도행전에 나타난 성령의 사회적 역할과 중요성에 관한 연구: '이방인 포함'과 성령과의 상관관계," 「성경과 신학」 70 (2014), 44. 48.

성령님의 영적·사회적 사역을 통해 하나님 나라의 역사가 전진하는 것을 보면서 당시 초대 교회는 더할 나위 없는 큰 기쁨과 위로를 누릴 수 있었을 것이다.

"교회는 성령님께서 …… 특별 은총을 전달하시는 가장 중요한 장(場)이며, 우리 주님께서 초림의 사역으로 가져다주신 하나님 나라를 이 땅위에 가장 강력하게 증시(證示)하는 기관"이다.[31] 그러므로 교회는 성령님의 위로 가운데 드러나는 다양한 은혜의 사역, 치유를 통해 구원의 역사를 이루어가야 하고, 그것의 확장을 통해 궁극적으로 이 땅 가운데 새 이스라엘 공동체, 즉 하나님 나라를 확립해가야 한다. 물론 성령님께서는 사도행전에 기술된 것과 같이 '계시적 현실'로서 오늘날 교회에 임하시거나 사역하시지 않는다. 그럼에도 불구하고 성령님께서는 오늘날의 교회 가운데 여전히 강력한 임재와 구원의 은혜를 부여하심으로써, 하나님 나라의 새 질서와 생명을 각 교회에 허락하고, 나아가 그것을 땅 끝까지 전파하도록 사역하신다. 따라서 진정한 교회는 성령님의 인도하심과 통치에 민감하게 순종함으로써, 그 나라의 통치를 개개인의 삶과 교회의 조직과 구조, 행정에 드러내기 위해 힘써야만 한다.[32] 그때 교회는 외적·내적 핍박과 환란 가운데도 불구하고, 성령님께서 주시는 풍성한 위로와 기쁨을 누리게 될 것이다.

그러므로 사도행전 9장 31절은 성령님께서 교회 가운데 허락하시는

---

31. 이승구, 『성령의 위로와 교회: 하이델베르크 요리 문답 강해 II』 (서울: 이레서원, 2001), 10.
32. 이승구, 『성령의 위로와 교회』, 10.

성령님의 위로를 강조한다. 성령님께서는 그리스도께서 십자가에서 성취하신 모든 위로를 성도의 심령과 교회 가운데 적용하고 확증하신다. 외적인 시련과 고통에도 불구하고 교회가 든든히 서 가고 성도들이 하늘의 신령한 위로를 누릴 수 있는 이유는, 성령님께서 죄 사함, 구원, 영생, 그리고 승리와 축복에 대한 견고한 믿음과 내적 확신을 주시기 때문이다. 또한 강력한 성령님의 역사를 통해 교회는 큰 기쁨과 은혜가 함께하는 더 없이 큰 위로의 공동체가 된다. 더욱이 성령님께서는 복음에 계시된 부활의 생명, 권능, 그리고 지혜를 성도와 교회에 제공하심으로써, 교회가 하나의 조직체가 아닌 건강한 유기체적 공동체로서 구원의 복음과 생명의 역사를 이웃과 열방에 확장할 수 있도록 도우신다. 그때 교회는 모든 차별과 소외를 극복한 거룩한 새 이스라엘로 재건되고, 궁극적으로 하나님 나라 공동체로 확장될 것이다.

3. 교회의 풍성한 위로(고후1:3-7)

신약성경은 구약에 예언된 그 위로가 예수 그리스도와 성령님의 사역을 통해 교회 가운데서 성취되는 것을 전한다. 오순절에 임한 성령님께서는 이와 같은 놀라운 구원의 은혜와 생명을 교회에 적용시키심으로써, 성도가 삶속에서 풍성한 은혜, 생명, 그리고 축복을 체험하도록 인도하셨다. 부활 생명을 부여하시는 성령님께서는 교회와 성도가 고난과 시련과 절망을 넉넉히 이기게 하심으로써, 그들로 하여금 이 땅에서 참된 생명과 위로를 누리도록 인도하신다. 나아가 교회는 우주적인 새 이스라엘 공동체, 즉 하나님 나라로 이 땅 가운데 건설되고 확장되어 나간다. 신약 교회가 극심한 핍박과 박해에도 불구하고 부흥을 경험하고 풍성한 은혜와 권능으로 복음을 땅 끝까지 전할 수 있었던 이유는, 성령님의 강력한 임재와 사역을 통한 신령한 위로 때문이었다.

이제 여기서는 고린도후서 1장 3-7절을 중심으로 신약 교회가 경험하였던 풍성한 위로를 살피도록 하겠다. 이 본문은 교회의 풍성한 위로를 다음과 같이 기술한다.

> "찬송하리로다 그는 우리 주 예수 그리스도의 하나님이시요 자비의 아버지시요 모든 위로의 하나님이시며 우리의 모든 환난 중에서 우리를 위로하사 우리로 하여금 하나님께 받는 위로로써 모든 환난 중에 있는 자들을 능히 위로하게 하시는 이시로다 그리스도의 고난이 우리에게 넘친 것 같이 우리가 받는 위로도 그리스도로 말미암아 넘치는도다 우리가 환난 당하는 것도 너희가 위로와 구원을 받게 하려는 것이요 우리가 위로를 받는 것도 너희가 위로를 받게 하려는 것이니 이 위로가 너희 속에 역사하여 우리가 받는 것 같은 고난을 너희도 견디게 하느니라 너희를 위한 우리의 소망이 견고함은 너희가 고난에 참여하는 자가 된 것 같이 위로에도 그러할 줄을 앎이라"

이 구절들은 성부 하나님께서 성자 예수님을 통해 고난 가운데 있던 고린도교회와 바울을 지속적으로 위로하신 내용을 송영의 형식으로 설명한다. 이 짧은 구절 속에 환란과 고난에 해당하는 단어가 일곱 번 등장하는 반면, 위로를 뜻하는 동사와 명사는 무려 열 번이나 등장한다. 그만큼 하나님께서 교회에 부여하신 신령한 위로가 풍성하였음을 내포한다.

의미심장하게도 이곳에서 사도 바울은 고린도교회의 위로를 삼위일체론적인 관점에서 설명하고 있다. 먼저, 성부 하나님께서는 예수 그리스도의 하나님으로서, 자비의 아버지시요, 모든 위로의 하나님이시다. 여기서 특히 눈에 띄는 구절은 3절에 나타난 '모든 위로의 하나님(θεὸς πάσης παρακλήσεως, 데오스 파새스 파라클레세오스)'이다. 이 문구에서 '모든 위로의'를 목적격적 속격으로 해석하면, 이 문구는 하나님께서 '모든 위로를 주시는 분' 또는 '모든 위로의 근원이 되시는 분'임을 의미하게 된다. 즉 하나님께서 환란 중에 있는 모든 자들을 능히 위로하실 수 있는 위로의 근원이 되신다는 사실을 강조하는 것이다(4절).

둘째, 성부 하나님의 위로는 성자 예수님의 구원 사역에 근거한다. 이 본문에서 사도 바울은 예수 그리스도와 성도 사이에, 그리고 자기 자신과 그 교회 사이에 '연합'과 '교환'의 원리를 적용시켜 말한다.[33] 먼저, 연합의 원리와 관련하여 사도 바울은 자신이 그리스도의 고난에 참여하고 그 고난이 그에게 넘친 것 같이, 그의 위로도 그에게 넘친다고 설명한다.

---

33. 라이트, 『모든 사람을 위한 고린도후서』, 16.

또한 바울은 그리스도 안에서 위로를 받을 때, 그 위로가 고린도교회 성도들에게도 전달된다는 사실을 강조한다. 이것은 그가 그리스도와 연합되었을 뿐 아니라 고린도교회 성도들과도 연합된 신령한 교회 공동체의 일원임을 의미한다. 다음으로, 교환의 원리와 관련하여 예수 그리스도께서 죄를 사하기 위해 고난당하셨기 때문에, 성도들은 그분을 통해 죄 사함과 함께 풍성한 위로를 경험하게 된다. 또한 예수 그리스도께서 다시 사셨기 때문에, 그들은 그분과 함께 다시 살아나서 부활의 능력으로 현재의 고난과 핍박을 극복하게 된다. 결국 예수님께서 성취하신 구원의 은혜와 영생을 삶속에서 누릴 때, 그들은 성령님 안에서 신령한 위로를 경험하게 된다. 사도 바울은 고린도후서의 전반적인 말씀을 통해 "이스라엘의 메시아, 온 세상의 주이신 예수님의 고통과 죽음, 그리고 새로운 부활 생명을 통해 나오는 신비하고 고귀한 위로"를 설명한다.[34]

셋째, 성령님께서는 예수님과 성도 사이의 연합과 교환을 적용하심으로써, 교회 가운데 풍성한 위로를 실제로 구현하신다. 이 본문은 성령님의 사역을 명시적으로 말하지 않는다. 하지만 이 본문은 성령님의 사역을 전제한다. 다시 말해, 이 본문은 성령님의 다양한 은사들과 사랑의 은사를 다룬 고린도전서 12-13장과 성령님의 교통하심을 강조하는 고린도후서 13장 사이에 놓여 있다. 이런 논리적 구조를 통해 볼 때, 사도 바울은 고린도교회가 성령님의 교통 가운데서 서로의 사랑으로 그리스도

---

34. 라이트, 『모든 사람을 위한 고린도후서』, 3.

와 연합할 때 모든 신령한 위로를 경험하게 됨을 송축하고 있는 것이다.

사도 바울은 이 짧은 구절 속에 위로를 무려 열 번이나 사용함으로써, 교회가 누릴 위로가 얼마나 풍성하고 강력한 것인지를 강조한다. 이 땅 가운데 교회와 성도는 크고 작은 시련과 환란을 겪게 마련이다. 하지만 그리스도의 고난이 교회에게 넘친 것 같이 교회가 받는 위로 또한 예수 그리스도로 말미암아 풍성하게 넘친다(고후1:5). 이 위로는 온 세상 만물을 사망과 사탄의 권세에서 해방하고 새롭게 하시는 성부의 새 창조의 계획과 능력에 기초한 것이다. 또한 그것은 죽음의 권세를 이기고 영원한 생명을 부여하시는 성자의 부활생명에 근거한 것이다. 끝으로 그것은 성도의 내면에 그 구원과 은혜를 적용하시는 성령님의 임재와 은혜에 기인한 것이다. 그러므로 성도의 위로는 세상이 흔들 수 없는 견고한 위로다. 일순간 사라지는 세상의 일시적인 위로와는 전적으로 다른 영원하고도 초월적인 위로다. 삼위 하나님께서는 이 위로를 교회에 풍성하게 부어주셨다. 따라서 교회는 위로하는 어머니와 같이 세상에 있는 성도에게 영적 생명과 위로를 제공함으로써, 그들이 고통과 슬픔을 이길 뿐 아니라 신령한 기쁨과 승리를 경험토록 해야 한다. 또한 다양한 사역과 섬김을 통해 교회는 세상에 신령하고도 풍성한 위로를 제공하는 어머니 품과 같은 포근하고 따뜻한 공동체가 되어야 한다.

<토의문제>

1. 누가복음 2장에서 이스라엘의 위로는 누구를 지칭하는가?

2. 환란과 시련 가운데 있는 교회는 어떤 성령의 위로를 경험할 수 있었는가?

3. 고난과 시험이 많았음에도 불구하고 고린도교회는 어떻게 풍성한 위로가 있는 교회가 될 수 있었는가?

4. 교회나 성도의 삶에서 '성령님의 충만한 임재'와 '위로'는 어떻게 연관될까?

5. 교회를 통해 위로를 경험해 본 적이 있는가? 그렇다면 함께 나누어 보자.

지금까지 우리는 성경 신학적인 관점에서 구약성경과 신약성경에 기술된 위로의 주요 요소와 방편, 전망을 살폈다. 이사야서는 이스라엘의 거룩하신 하나님께서 고통과 억압 가운데 있는 그분의 백성을 크신 임재와 권능으로 구원하고 위로하신다는 사실을 잘 보여준다(사12:1-6; 40:1-11). 새출애굽 사건은 언약 백성을 향한 하나님의 구원과 위로를 적절하게 전달하는 모델이다. 이집트 노예로서 고통과 속박, 탄식 속에 있던 이스라엘을 출애굽시키셨던 하나님께서는 이제 바벨론 포로에서만이 아니라 삶의 다양한 고난과 묶임, 속박, 슬픔, 심지어 죄와 사망으로부터 그분의 백성을 해방시키실 것이다. 크신 임재와 권능으로 하나님께서 성취하실 그 구원과 새 삶은 시온 백성의 위로를 성취하는 근본 토대가 된다. 즉 하나님의 백성들은 하나님과 그분께서 성취하실 구원을 확신할 때, 고통과 슬픔 속에서도 참된 위로를 경험할 수 있다.

하나님께서는 오늘날에도 성도의 기도와 말씀 묵상, 간구와 사역 가운데 친히 임재하셔서 다양한 삶의 고통과 절망, 묶임, 갇힘, 슬픔 속에 있는 그들에게 새 힘을 주시고, 친히 그들을 구원하고 위로하신다. 무엇보다 죄악의 저주와 그 비참함은 삶의 가장 큰 곤경이다. 하지만 하나님께서는 의로운 메시아 예수 그리스도의 고통과 희생, 십자가의 죽으심을 통해 그분의 백성을 죄악의 비참함과 죽음에서 구원하셨다. 그리고 새 생명을 통한 영광스럽고 복된 삶을 허락하심으로써 궁극적인 위로를 허락하신다. 따라서 오늘날 언약 백성이 어떤 고난과 시련에 처할지라도, 삼위 하나님께서는 부활 생명의 영으로 그/그녀를 찾아 오셔서 친히 위로하고 회복하실 것이다.

그러므로 믿음 안에서 하나님의 위로를 먼저 경험한 자들은 다른 고난과 절망 가운데 있는 자들을 위로할 수 있어야 한다(고후1:3-7). 하나님의 영의 기름부음을 받은 종들(목사, 선교사, 장로, 권사, 집사, 구역장, 성도)은 하나님의 말씀을 나눌 뿐 아니라, 크고 작은 사역들을 수행하며, 마음이 상한 자, 갇힌 자, 가난한 자, 그리고 슬픔 가운데 있는 자들에게 참된 자유와 희년을 선포하고, 그들이 운명의 새 창조와 함께 궁극적인 위로를 경험할 수 있도록 도와야 한다. 이와 같이 신실한 위로의 사역을 감당할 때, 교회는 왕이신 하나님의 영광스러운 신부로 변모하여, 사회와 열방 가운데서 그 영광과 지위를 과시하는 거룩한 공동체로 우뚝 솟을 것이다(사66장).

특히 이 시대의 성도는 예수 그리스도의 완성된 사역과 십자가의 결정적 승리로 말미암아 이미 시작된 위로를 누리고 있지만, 동시에 재림

때 완성될 하나님 나라에서 더욱 온전하고 영광스러운 위로를 고대하는 긴장을 가지고 그리스도인으로서 합당한 삶을 살아야 한다. 한편으로, 삼위 하나님께서는 이미 우리의 위로를 성취하셨다. 예수 그리스도께서는 이스라엘의 위로자만이 아니라 온 인류의 위로자가 되신다. 십자가의 죽음과 승리를 통해 그분께서는 모든 사람의 죄를 사하시고, 그들을 사망과 절망의 비참함에서 구원하셨다. 그분께서 친히 죄의 값을 지불하심으로써 우리를 사망과 저주의 억압에서 자유케 하셨다. 성령님께서는 이와 같은 놀라운 구원과 은혜를 효력 있게 성도의 삶과 교회 속에 적용시키심으로써, 그들이 하나님의 위로를 실제적으로 그리고 풍성하게 누리도록 일하신다. 무엇보다도 부활의 영으로서 교회와 성도의 삶에 충만하게 임재하시어 그들이 죽음을 이기신 그리스도의 참 생명과 권능으로 삶의 고난과 시련을 넉넉히 이길 수 있도록 일하신다. 그러므로 성도들의 공동체인 교회는 일반적인 공동체가 경험할 수 없는 신령하고도 초월적인 위로를 경험할 뿐 아니라, 그 위로를 세상에 제공하는 거룩한 공동체로 이 땅에 존재한다. 그리고 그렇게 세상과 다른 초월적이고도 신령한 위로를 세상에 제공할 때, 교회는 비로소 이 땅에서 존재하는 이유와 영광을 획득할 것이다.

그러나 또 다른 한편으로, 종말의 때에 완성될 온전하고도 영광스러운 위로는 아직 도래하지 않았다. 죄악의 영향과 결과들이 아직 완전히 제거되지 않았기 때문에, 주의 백성들은 성령님의 내주하심을 통해 중생과 성화, 치유, 부흥을 경험하기도 하지만, 동시에 고난과 상실, 슬픔을 겪기도 한다. 세상에는 여전히 전쟁과 테러의 소식이 끊이지 않고, 가난과 질병이 사람들을 괴롭힌다. 교회 또한 세상에서 부당하고 억울한 고난을 겪게 된다. 성도라고 해서 질병과 고통에서 제외되는 것도 아니다. 교회 내에서 성도의 모임도 불완전한 인간들의 교제이기 때문에, 많은 분란과 어려움을 겪으며 세상의 빛과 소금의 사역을 제대로 성취하지 못하는 경우가 많다. 이렇듯 이 땅의 성도와 교회는 위로의 '이미'와 '아직'의 긴장 속에 놓여 있다. 성도는 마지막 시대에 살고 있지만 아직 마지막 날은 오지 않았고, 또한 성령님의 내주하심을 통해 세상이 알 수 없는 신령한 위로를 누리지만 아직 완전하면서도 영광스런 위로는 도래되지 않았다.[1]

그렇다면 '이미'와 '아직'의 긴장 속에 놓여 있는 성도와 교회는 어떤 방식으로 이 땅에서 존속해야 할까? '이미'와 '아직'의 긴장에 비추어 볼 때, 이 위로는 현재적인 동시에 미래적인 실체다. 그렇기 때문에 성도는 성령님의 내주하심을 통해 고난과 시련 가운데서도 인내와 연단을 이루고, 소망 가운데 그리스도를 닮아가는 성화의 삶을 살며 이 땅에 하나님 나라를 구현하는 사명을 감당해야 한다. 우리는 '이미'와 '아직'의 긴장 속에서 성도의 합당한 삶을 살아간 대표적인 인물로서 성경의 많은 인물들 중 다윗을 꼽을 수 있다. 다윗은 성령님의 인도하심 가운데 그의 세대에 하나님의 목적을 섬기는 삶과 사역을 성취하며 하나님의 위로를

---

1. 앤서니 후크마, 『개혁주의 종말론』, 이 용중 역 (서울: 부흥과개혁사, 2012), 103.

누린 인물이기 때문이다(시23:4). "다윗은 당시에 하나님의 뜻을 따라 섬기다가(David had served God's purpose in his own generation)……"(행13:36).

그리스도인이 그의 전 삶을 통해 하나님께서 각 세대마다 맡기셨던 경륜과 목적을 구현하는 삶을 살아간다면, 그는 분명 하나님의 마음에 합한 자로서 신령한 위로와 영광을 누리며 살아갈 것이다. 교회 또한 따뜻한 어머니의 품과 같이 어둠과 좌절 속에서 방황하는 자들을 품고 그들에게 구원과 새 생명의 축복을 제공할 때, 삼위 하나님의 풍성한 위로를 이 땅에 구현하는 거룩한 공동체로 존속할 것이다. 그러므로 성도는 성령님의 임재 가운데 그리스도 안에서 이미 이루어진 '현재의 위로'와 아직 이루어지지 않았지만 언젠가 누리기를 간절히 고대하는 '온전한 위로' 사이의 긴장에 비추어 '그리스도인으로서의 삶 전부'를 살아내야 한다.[2] 특히 성도가 은혜 안에서 받은 위로로써 모든 고통과 슬픔 가운데 있는 자들을 위로하는 삶을 살아야 한다. 왜냐면, 우리가 믿는 하나님은 '모든 위로의 하나님'이시기 때문이다.

---

2. 앤서니 후크마, 『개혁주의 종말론』, 113.

<토의문제>

1. 이 땅에서 성도가 누리는 위로는 온전하고 완성된 위로인가?

2. '이미'와 '아직'의 긴장 속에서 살아가는 성도는 종말의 온전한 위로를 고대할 때, 이 땅에서 어떤 삶을 살아야 할까?

3. 신앙의 여정을 통해 삼위 하나님께서 허락하시는 위로를 경험해 본 적이 있는가? 그렇다면 함께 나누어보자.

4. 교회와 가정에서 위로의 사람이 되기 위해 나는 어떤 말이나 행동을 더욱 자주 실천해야 할까?

5. 이 세상에서 교회가 참된 위로의 공동체가 되기 위해서는 세상을 향해 어떤 모습과 사역을 갖추어야 할까?

참고문헌

곽철호. "이사야 53장과 같은 시적, 예언적 본문의 해석에 있어 시학에 근거한 문학적-해석학적 접근." 「성침논단」 8 (2011): 5-37.

고던 웬함. 『성경전체를 여는 문창세기1-11장 다시읽기: 창세기원형역사속의 하나님, 인간, 세계』. 차준희 역. 서울: IVP, 2020.

권종선. "누가복음의 서사적 기독론." 「복음과 실천」 31 (2003): 7-32.

김수정. "우리 어머니는 어디 있나요?: 이사야서와 에스겔서에 나타난 예루살렘과 그 구속에 관한 신학적 관점들," 『고엘, 교회에 말걸다: 공동체의 치유와 회복을 위한 성서적 모델』. 서울: 홍성사, 2017: 79-108.

김영종. "성령과 새출애굽: 누가복음 1-2장에 나타난 성령 언급 본문을 중심으로." 「신약논단」 24 (2017): 271-305.

김의원. 『레위기 주석』. 서울: 기독교문서선교회, 2013.

김정훈. "사도행전도 '하나님 나라'의 관점에서?: 행 1:1-8연구." 「헤르메니아투데이」 14 (2000): 70-81.

김진규. "역사적 문법적 해석의 한계 극복하기: 이사야 53장을 시험 사례로." 「성경과 신학」 76 (2015): 1-33.

마이클 모랄레스. 『출애굽 성경신학:구약과 신약의 출애굽』. 윤석인 역. 서울: 부흥과 개혁사, 2021.

박성호. "'고난 받는 종' 예수: 네 번째 '야웨의 종의 노래'(사 52:13-53:12)에 대한 초대교회의 기독교적 해석(*Interpretatio Christiana*)." 「Canon & Culture」 21 (2017): 169-211.

백신종. "룻기에 나타난 고엘 제도의 선교적 의의." 『고엘, 교회에 말 걸다』. 김수정 외 9명 편집. 서울: 홍성사, 2017: 251-76.

송영목. "누가복음 1-2장의 세 찬송이 한국 교회의 찬송에 주는 함의." 「교회와 문화」 26 (2020): 165-96.

신득일. "희년 윤리." 『구약과 현실문제』. 서울: CLC, 2021.

심상법. "사도행전에 나타난 성령과 화해와 일치." 『성서학 학술세미나』. 서울: 한국신학정보연구원, 2007: 439-55.

앤서니 후크마. 『개혁주의 종말론』. 이용중 역. 서울: 부흥과개혁사, 2012.

이상명. "구속자 예수 그리스도, 고엘의 완성." 『고엘, 교회에 말 걸다』. 김수정 외 9명 편집. 서울: 홍성사, 2017: 137-68.

이승구. 『성령의 위로와 교회: 하이델베르크 요리 문답 강해 II』. 서울: 이레서원, 2001.

_____. 『성경신학과 조직신학』. 서울: SFC, 2018.

이영미. 『이사야의 구원신학』. 서울: 맑은 울림, 2004.

이학재. "구약 선지서를 통해서 본 설교의 전형(Model)." 「개신논집」 9 (2009): 41-68.

자카리아스 우르시누스. 『하이델베르크 요리문답 해설』. 원광연 역. 서울: 크리스천다이제스트, 2021.

장 칼뱅. 『1541년 프랑스어 초판 기독교 강요』. 김대웅 역. 서울: 복있는 사람, 2023.

조엘 그린. 『누가복음』. 강대훈 역. 서울: 부흥과개혁사, 2020.

조지 래드. 『하나님 나라』. 서울: 크리스천다이제스트, 2016.

최일웅. 『레위기 25장의 희년법 연구』. 석사학위논문, 고신대학교, 2019.

최윤갑. "코로나 시대에 고찰하는 설교(선포)의 신학적 역할: 이사야 61장을 중심으로." 『고신신학』 23 (2021): 11-39.

최흥식. "사도행전에 나타난 성령의 사회적 역할과 중요성에 관한 연구: '이방인 포함'과 성령과의 상관관계." 「성경과 신학」 70 (2014): 33-66.

톰 라이트. 『모든 사람을 위한 고린도후서』. 이철민 역. 서울: IVP, 2003.

프레더릭 J. 머피. 『초기 유대교와 예수 운동: 제 2 성전기 유대교와 역사적 예수의 상관관계』. 유선명 역. 서울: 새물결플러스, 2020.

헤르만 바빙크. 『개혁교의학 3』. 박태현 역. 서울: 부흥과개혁사, 2011.

Akpunonu, P. D. *The Overture of the Book of Consolations (Isaiah 40:1-11)*. New York: Peter Lang Publishing.

Allen, R. E. "Comfort." *The Concise Oxford Dictionary*. Oxford: Clarendon Press, 1990.

Andersen, T. David. "Renaming and Wedding Imagery in Isaiah 62." *Biblica* 67 (1986): 75-80.

Anderson, B. "Exodus Typology in Second Isaiah." in *Israel's Prophetic Heritage: Essays in Honor of James Muilenburg*. ed by B. Anderson & W. Harrelson. Harper & Brothers, 1962: 177-95.

Anderson, Gary A. *A Time to Mourn, A Time to Dance: The Expression of Grief and Joy in Israelite Religion*. UniversityPark, Pa: Pennsylvania State University Press, 1991.

Barr, James. *The Semancits of Biblical Language*. Oxford, 1961.

Begrich, Joachim. *Studien zu Deuterojesaja*. Stuttgart: Kaiser, 1963.

Bellinger, William H. Jr. William R. Farmer. *Jesus and the Suffering Servant: Isaiah 53 and Christian Origins*. Harrisburg, PA: Trinity Press International, 1998.

Beuken, W. A. M. "Servant and Herald of Good Tidings: Isaiah 61 as An Interpretation of Isaiah 40-55." in *Book Isaiah- Livre Isaie*. ed. Jacques Vermeylen; Louvain: Leuven University Press, 1989: 411-42.

_____. "The Main Theme of Trito-Isaiah: The Servant of YHWH." *Journal for the Study of the Old Testament* 47 (1990): 67-87.

_____. "Isaiah Chapters 65-66 : Trito-Isaiah and the Closure of the Book of Isaiah." in *Congress Volume, Leuven*, 1989. Leiden: Brill, 1991: 204-21.

Blenkinsopp, Joseph. *Isaiah 56-66*. Vol. 19B. 1st ed. The Anchor Yale Bible Commentaries. New Haven & London: Yale University Press, 2003.

Braumann, G. "παραχαλέω" in *NIDNTT*. Vol 1: 569-71.

Brueggemann, Walter. *Isaiah 1-39*. WBC. Louisville: Westminster John Knox Press, 1998.

_____. *Isaiah 40-66*. Louisville: Westminster John Knox Press, 1998.

Bullinger, E. W. *Figures of Speech Used in the Bible*. Grand Rapid: 1968.

Butterworth, M. "nḥm." *New International Dictionary of the Old Testament Theology and Exegesis*. vol 3 (1997), 81-83.

Cannon, W. W. "Isaiah 61,1-3 an Ebed-Jahweh Poem." *ZAW* 47 (1929): 284-88.

Carr, David McLain. "Isaiah 40:1-11 in the Context of the Macrostructure of Second Isaiah." in *Discourse Analysis of Biblical Literature: What It Is and What It Offers*. Atlanta: Scholars Press, 1995.

Childs, B. S. *Isaiah*. Louisville: Westminster John Know, 2001.

Choi, YunGab. "To Comfort All who Mourn: The Theological and Hermeneutical Function of Isa 61-62 in the Book of Isaiah." Ph.D. diss., Trinity Evangelical Divinity School, 2015.

Clifford, Richard. *Fair Spoken and Persuading*. New York: Paulist, 1984.

Cross, F. M. "The Council of Yahweh in Second Isaiah." *Journal of Near Eastern Studies* 12(1953): 274-77.

Davidson, Richard M. "Isaiah 53, Substitution, and the Covenant Curses - Part 1" (2009) *Andrews University Faculty Publications*, 1907. https://digitalcommons.andrews. edu/pubs/1907.

Dunn, James. D. G. *Baptism in the Holy Spirit*. London: SCM Press, 1970.

Elliger, Karl. *Deutero-Jesaja. BK 11/1*. Neukirchen: Neukirchener Verlag, 1978.

Fishbane, Michael. *Biblical Interpretation inAncient Israel*. New York: Oxford University Press, 1985.

Georg. Fohrer, *Das Buch Jesaja. Band 3. Kapitel 40-66*. Zurcher: Zurcher Bibelkommentare, 1964.

Gesenius, H. F. W. *Hebrew and English Lexicon of the Old Testament (with an Appendix Containing the Biblical Aramaic)*, 이정의 역, 『히브리어사전』. 서울: 생명의 말씀사, 2012.

Gignilliat, Mark. "Oaks of Righteousness for His Glory: Holticulture and Renewal in Isaiah 61. 1-4," *ZAW* 123 (2011): 391-405.

Gitay, Yehosuha. *Isaiah and his Audience: the Structure and Meaning of Isaiah 1-12*. Assen: VanGorcum, 1991.

Goldingay, John. & Payne, David. *Isaiah 40-55* Vol 1:A Critical and Exegetical Commentary. London: T&T Clark, 2007.

_____. *Isaiah 40-55*. Vomume II. London: T&T Clark, 2006.

_____. *Isaiah 56-66: A Critical and Exegetical Commentary*. The International Critical Commentary. London: Bloomsbury T&T Clark, 2014.

Gropper, E. I. "Promising Health by Promoting Comfort." in *Nursing Forum* 27 (1992), 5-8.

Ha, KeySang. "Cultic Allusions in the Suffering Servant Poem (Isaiah 52:13-53:12)." Ph.D. dissertation, Andrews University, 2009.

Hildebrandt, Wilf. *An Old Testament Theology of the Spirit of God*. Peabody: Baker Academic, 1993.

J. Paterson. & L, Zderad. *Humanistic Nursing*. New York: National League for Nursing, 1988.

Janowski, Bernd. "Er trug unsere Sünden: Jesaja 53 und die Dramatik der Stellvertretung." in *Der leidende Gottesknecht: Jesaja 53 und seine Wirkungsgeschichte mit einer Bibliographie zu Jes 53*. FAT 14. Tübingen: Moher Siebeck, 1996.

Jeffery, Steve. Ovey, Michael. & Sach, Andrew. *Pierced for Our Transgressions: Rediscovering the Glory of Penal Substitution*. Wheaton, ILL: Corssway, 2007.

Jonker, Louis. "*qr̄.*" *NIDOTTE* Vol. III, 972.

Kaiser, Otto. *Isaiah 1-12*. OTL. Philadelphia: The Westminster Press, 1981.

Koet, Bart J. "Isaiah in Luke-Acts." in *Isaiah in the New Testament*. ed by Steve Moyise and Maarten J. J. Menken. London: T&T Clark, 2005.

Kolcaba, Katharine Y. "An analysis of the concept of comfort." in *Journal of Advanced Nursing* 16 (1991), 130-10.

Konig, Ed. *Stilistik, Rhetorik, Poetik.* Leipzig: 1900.

Koole, J. L. *Isaiah III. Volume I/Isaiah 40-48.* Kampen: Peeters, 1997.

_____. *Isaiah III. Volume III/Isaiah 56-66.* Historical Commentary on the Old Testament. Kampen: Peeters, 2001.

Lessing, R. Reed. *Isaiah 56-66.* Saint Louis: Concordia Publishing House, 2014.

Liddell, H. G. & Scott, Robert. *A Greek-English Lexicon.* Oxford: Clarendon Press, 1996.

Lindsey, F. Duane. *The Servant Songs: A Study in Isaiah.* Chicago: Moody, 1985.

Lu, Jeffrey Shaochang. "Called to Proclaim Covenantal Transformation : A Text-Linguistic Analysis of Isaiah 59:21-63:6." Ph.D diss., Trinity International University, 1999.

Lund, Jerome A. "*'nīr.*" *NIDOTTE* Vol. 1: 444-45.

Maier, Christle M. *Daughter Zion, Mother Zion: Gender, Space, and the Sacred in Ancient Israel.* Minneapolis: Fortress Press, 2008.

Malinowski, Ann & Stamler, Lynnette Leeseberg. "Comfort: Exploration of the concept in nursing." *Journal of Advanced Nursing,* 39 (2002): 599-606.

Martens, Elmer A. *God's Design: A Focus on Old Testament Theology.* Eugene: Wipf & Stock, 2015.

McKenzie, John L. *Second Isaiah: Introduction, Translation, and Notes, AB 20.* Garden City: Doubleday, 1968.

Melugin, Roy F. *The Formation of Isaiah 40-55.* Beihefte zur Zeitschrift für die Alttestamentlische Wissenschaft. Berlin ; New York: De Gruyter, 1976.

Menzies, R. *Empowered for Witness: The Spirit in Luke-Acts.* JPTS 6. Sheffield: Sheffield Academic Press, 1991.

Middleton, J. Richard. *A New Heaven and a New Earth: Reclaiming Biblical Eschatology.* Grand Rapids: BakerAcademic, 2014.

Mike Mitchell, "The Go'el: Kinsman Redeemer." *Biblical Illustrator* 13, no.1 (1986): 13-15.

Morales, L. M. *Exodus Old and New: A Biblical Theology of Redemption.* Essential Studies in Biblical Theology Book 2. Downers Grove: IVP Academic, 2020.

Motyer, J. Alec. *The Prophecy of Isaiah: An Introduction & Commentary.* Downers Grove: IVP Academic, 1993.

Mowinckel, Sigmund. "Die Komposition Des Deuterojesajanischen Buches." *ZAW* 49 (1931): 87-112.

Muilenburg, James. "Isaiah 40-66." in *The Interpreter's Bible, Vol. 5: Ecclesiastes, Song of Songs, Isaiah, Jeremiah.* Edited by George A. Buttrick. New York: Abingdon Press,

1956.

North, C. R. *The Suffering Servant in Deutero-Isaiah: An Historical-Critical Study.* London: Oxford University Press, 1948.

Olyan, Saul M. *Biblical Mourning: Ritual and Social Dimensions.* Oxford: Oxford University Press, 2004.

Oswalt, J. N. *The Book of Isaiah: Chapters 40-66.* Grand Rapids: Eerdmans, 1998.

Oswalt, John. "Righteousness in Isaiah: A Study of the Function of Chapter 56-66 in the Present Structure of the Book." in *Writing & Reading the Scroll of Isaiah: Studies of an Interpretive Tradition.* Vol One, ed by Craig C. Broyles & Craig A. Evans. Leiden: Brill, 1997: 177-91.

Pao, David W. *Acts and the Isaianic New Exodus.* Grand Rapids: Baker Academic, 2000.

Peterson, David G. *The Acts of the Apostles.* Grand Rapids: Eerdmans Publishing Company, 2009.

Rendtorff, Rolf. "Isaiah 56:1 as a Key to the Formation of the Book of Isaiah." in *Canon and Theology.* Minneapolis: Fortress Press, 1993: 181-89.

Sawyer, John F. "Daughter of Zion and Servant of the Lord in Isaiah: A Comparison." *Journal for the Study of the Old Testament* 44 (1989): 89-107.

Seitz, C. R. "The Divine Council: Temporal Transition and New Prophecy in the Book of Isaiah." *Journal of Biblical Literature* 109 (1990): 229-47.

Smith, R. Payne. *Thesaurus Syriacus,* 2 Vols. Oxford, 1869-1901.

Snaith, N. H. "The Meaning of 'The Paraclete.'" *ExpT* 57 (1945), 47-50.

Stromberg, Jacob. Firth, David G. and Williamson, H. G. M. "An Inner-Isaianic Reading of Isaiah 61:1-3." in *Interpret Isaiah: Issues Approach.* Downers Grove: IVP Academic, 2009: 261-72.

Stronstard, R. *The Charismatic Theology of Saint Luke.* Peobody: MA: Hendrickson, 1984.

Sweeney, Marvin A. *Isaiah 40-66.* FTOTL. Grand Rapids: William B. Eerdmans Publishing Company, 2016.

Sweeney, Marvin. "The Reconceputalization of the David Covenant in Isaiah." in *Studies in the Book of Isaiah: Fst. W. A. M. Beuken.* Edited by J Van Ruiten and M Vervenne. Leuven: Leuven University Press, 1997: 41-61.

Sweeney, Marvin. *Isaiah 1-4 and the Post-Exilic Understanding of the Isaianic Tradition.* Berlin: De Gruyter, 1988.

Thiselton, Anthony T. "'Behind' and 'In Front of' the Text: Language, Reference, and

Indeterminacy." In *After Pentecost: Language and Biblical Interpretation*, ed. Craig Bartholomew, Colin Greene, and Karl Möller. Grand Rapids: Zondervan Publishing House, 2001.

Thompson, David L. "וָי" *NIDOTTE*. Vol 2: 400-402.

Turner, M. "The 'Spirit of Prophecy' as the Power of Israel's Restoration and Witness." in I. Marshall and D. Peterson, eds., *Witness to the Gospel: The Theology of Acts*. Grand Rapids: Eerdmans, 1998: 327-48.

Vaux, Roland De. *Ancient Israel: Its Life and Instructions*. Grand Rapids: Wm. B. Eerdmans Publishing Company, 1997.

Watson, Wilfred G. E. *Classical Hebrew Poetry: A Guide to Its Techniques*. T&T Clark, 2006.

Watts, J. D. W. *Isaiah 34-66*. WBC 25. Waco: Word, 1987.

Westermann, Claus. *Isaiah 40-66: A Commentary*. Philadelphia: Westminster John Knox Press, 1969.

_____. *Creation*. Trans by J. J. Scullion. Philadelphia: Fortress, 1974.

Wildberger, Hans. *Isaiah1-12*. Minneapolis: Augsburg Fortress Publishers, 1991.

Williamson, H. G. M. *The Book Called Isaiah: Deutero-Isaiah's Role in Composition and Redaction*. New Your: Clarendon Press/Oxford University Press, 1994.

_____. *Variations on a Theme: King, Messiah and Servant in the Book of Isaiah*. Paternoster, 2000.

_____. *Isaiah 6-12*. London: T&T Clark, 2018.

Woude, A. van der. "The Comfort of Zion: Personification in Isaiah 40-66." in *"Enlarge the Site of Your Tent": The City as Unifying Theme in Isaiah*. Leiden: Brill, 2011.

Yofre, S. "nḥm." *Theological Dictionary of the Old Testament*. vol 9 (1998), 340-55.